Verena Gonsch mit Texten von Till Raether
Digitale Intelligenz

Verena Gonsch
Mit Texten von Till Raether

DIGITALE
INTELLIGENZ

Warum die Generation Smartphone
kein Problem, sondern unsere Rettung ist

Lübbe

Dieser Titel ist auch als E-Book erschienen

Originalausgabe

Copyright © 2017 by Bastei Lübbe AG, Köln
Lektorat: Anne Büntig
Umschlaggestaltung: U1berlin/Patrizia Di Stefano
Titelfoto: © getty-images | Donald Iain Smith
Satz: hanseatenSatz-bremen, Bremen
Druck und Verarbeitung: C. H. Beck, Nördlingen

Printed in Germany
ISBN 978-3-404-60979-6

5   4   3   2   1

Sie finden uns im Internet unter: www.luebbe.de
Bitte beachten Sie auch: www.lesejury.de

Ein verlagsneues Buch kostet in Deutschland und Österreich jeweils überall
dasselbe.
Damit die kulturelle Vielfalt erhalten und für die Leser bezahlbar bleibt, gibt es
die gesetzliche Buchpreisbindung. Ob im Internet, in der Großbuchhandlung,
beim lokalen Buchhändler, im Dorf oder in der Großstadt – überall bekommen
Sie Ihre verlagsneuen Bücher zum selben Preis.

»In der kurzen Zeitspanne, die uns von den 1970er Jahren trennt, ist ein neuer Mensch geboren worden. Er oder sie hat nicht mehr den gleichen Körper und nicht mehr dieselbe Lebenserwartung, kommuniziert nicht mehr auf die gleiche Weise, nimmt nicht mehr dieselbe Welt wahr, lebt nicht mehr in derselben Natur, nicht mehr im selben Raum. Ich wäre gern achtzehn, so alt wie die kleinen Däumlinge, jetzt, da alles zu erneuern, ja erst noch zu erfinden ist.«

Michel Serres: *Erfindet euch neu!*

Für Quentin und Lilian

Inhalt

Vorwort: Generation Smartphone an die Macht – Warum unsere Skepsis unseren Kindern schadet

Die Idee zu diesem Buch entstand bei vielen intensiven Gesprächen mit anderen Eltern, Freunden und Bekannten über die Computernutzung der eigenen Kinder. Meist entwickeln sich diese Gespräche sehr hitzig – spätestens, wenn es um den Verfall der Sitten, die mangelnde Lesefähigkeit der Jugend und die glorreichen Zeiten der eigenen Kindheit geht. Ich stelle jedenfalls bei diesen Gesprächen immer wieder fest, dass ich offenbar zu der in Deutschland sehr raren Gattung der Computerspiel-Versteher gehöre.

Da kann man es schon einen glücklichen Zufall nennen, dass ich auf Till Raether traf, der auch bereits einen Selbstversuch mit seinem Sohn und der PlayStation hinter sich hatte. Überrascht und erfreut merkten wir, dass wir nicht wie so oft unsere Erfahrungen mit Computerspielen schamhaft verstecken mussten, sondern uns schnell nur so die Bälle zuwarfen: Pokémon Go, Minecraft, League of Legends, Overwatch.

Meist gipfeln Gespräche zu diesem Thema allerdings darin, dass der Untergang des Abendlandes heraufbeschworen wird: Hast du keine Angst, dass dein Sohn süchtig wird? Dass er in der Schule abstürzt? Als pickeliger, von Pizzakartons umgebener, von seinen Ausdünstungen umnebelter Alien endet, verloren für die Leistungsgesellschaft und ihre Anforderungen? Diese Gespräche sind wirklich sehr anstrengend!

Die Deutschen stehen der digitalen Welt tatsächlich besonders kritisch gegenüber. Die sprichwörtliche »German Angst« lässt grüßen. Nirgendwo anders zerfleischen sich Mütter in Blogs über die Frage, wie viel Stunden täglich am Computer in welchem Alter kindgerecht sind. Nirgendwo anders beginnt ein Gespräch unter Müttern mit der Frage »Liest dein Kind eigentlich?«. Und nirgendwo sonst in der Welt boomt das Geschäft mit Zeitschaltuhren für Computer, mit denen man den lieben Kleinen den Saft abdrehen kann.

Ich fand, dass es Zeit ist für ein Buch, das diese Merkwürdigkeiten unter die Lupe nimmt.

»Made in Germany« ist wohl auch die digitale Skepsis. In meinen Augen hat das viel mit der kulturellen Tradition unseres Landes zu tun. Mit dem Bildungsbürgertum, der Technologiekritik, der German Angst, die uns in einer langen Reihe der Ängste von »Waldsterben« bis »Atomkraft« jetzt die »Digitale Angst« beschert. Und mit dem merkwürdigen Anspruch an eine Kindheit in Deutschland, die frei von Anforderungen ist und möglichst vom Waldkindergarten über die Pfadfinder zu den Sommerferienfreizeiten übergeht.

Sind unsere Kinder vor diesem Hintergrund überhaupt zukunftsfähig? Bekommen sie die interessanten Jobs, oder sind ihnen im Studium nicht Chinesen, US-Amerikaner oder andere Europäer weit voraus? Warum entlassen viele Eltern aus der Mittelschicht, scheinbar liberal und weltoffen, ihre Kinder mit angezogener Handbremse in die Welt? Warum benehmen sie sich wie ihre vermeintlich spießigen Eltern in den 1970er und 1980er Jahren? Rückwärtsgewandt und intolerant.

Ich wage mich aus der Deckung und stelle diese Fragen. Dabei ist mir sehr wohl bewusst, dass sie viel Gegenwind provozieren werden. Um es gleich vorwegzunehmen: Ja, Computersucht finde ich auch schlecht. Und weil nichts so wunderbar funktioniert wie gute Geschichten, um etwas deutlich zu machen, hat Till Raether ein Bild einer Familie in der digitalen Zukunft gemalt. Den Anfang macht die 9-jährige Laila.

Ein Blick in die digitale Zukunft – Laila, 9 Jahre

Laila und Jördis machten, was Freundinnen in der dritten Klasse schon immer gemacht hatten, aber es kam ihnen so vor, als wären sie die Allerersten. Die beiden waren einander so nahe, dass sie alles teilen und untereinander tauschen wollten.

Wenn sie sich um Viertel vor neun an der Ecke trafen, um gemeinsam zur Schule zu gehen, tauschten Laila und Jördis ihre Hoverboards. Irgendwann waren sie auf die Idee gekommen, auch die Jacken zu tauschen, damit jede sich noch ein bisschen mehr wie die andere fühlen konnte. Sie liehen sich gegenseitig ihre Lieblings-T-Shirts. Und sie hatten einen Sockenmix erfunden: Jede trug von der anderen eine Socke. Das erschien ihnen, auch wenn sie es anders ausgedrückt hätten, als das perfekte Symbol für ihre perfekte Freundschaft. Jede hatte an einem Fuß etwas von sich und am anderen etwas von der besten Freundin.

Als sie jetzt, jede mit zwei verschiedenen Socken, die Treppe hinauf zu ihrem Lernraum kamen, merkten Laila und Jördis gleich, dass sie fast die Letzten sein mussten. Denn im Klassenraum war es schon ziemlich voll. Je mehr Schülerinnen und Schüler zwischen halb neun und halb zehn im Raum waren, desto stiller wurde es nämlich.

Die Augen der beiden Mädchen spähten nach ihrer Lehrerin, denn sie wussten nie, welchen Platz im Raum sie sich für den Tag aussuchen würde. Die Lehrerin beantwortete gerade Nachrichten von den Eltern und studierte die Ergebnisse, die das intelligente Lernprogramm über die Fortschritte der Schüler ausgeworfen hatte. Dazu war sie gestern Nachmittag nicht gekommen. Sie ließ sich nicht stören, weil zum einen der dicke Teppich viele Geräusche schluckte, und zum anderen wusste sie, dass sich die Schüler, sobald mindestens ein halbes Dutzend von ihnen da war, in kleinere Gruppen aufspalten und anfangen würden, an ihren Tablets zu arbeiten. Es erstaunte sie immer wieder, aber die Begeisterung der Kinder für ihre Bildschirme war größer als ihr Drang, Unsinn zu machen. Zumindest dann, wenn die Eltern sich an die Empfehlung »No Screen in between« gehalten hatten, also: kein Bildschirm zwischen acht Uhr abends und acht Uhr morgens. Vielleicht lag es auch daran, dass die Kinder wussten, dass in zwei Stunden die Tablets weggepackt und die Materialstationen weggerollt werden würden. Dann durften sie aus den Polstermodulen ihrer Lernkokons bauen, was sie wollten. Selbst wenn es eine Polstermodul-Abschussanlage war.

Laila und Jördis holten ihre Tablets aus den Ranzen. Wie alle Kinder hatten sie vom ersten Tag an angefangen, ihre Tablets zu personalisieren. Mit Audiostickern, intelligentem Washi-Tape und solchen Sachen. Sich abzugrenzen war wichtig. Aber nicht nur das: Weil die Tablets mit den jeweiligen Lernkonten der Kinder verbunden waren, schärften die Lehrer ihnen von Anfang an ein, sie nicht zu verwechseln.

Laila war nicht so gut in Mathe. Ihr Lernprogramm wusste das und stellte sich darauf ein. Und ihre Lehrerin konnte sehen, wie gut Laila mit ihren Aufgaben vorankam und ob sie lernte oder nicht. Laila war meist zwischen Rot und Orange.

Jördis war nicht so gut in Deutsch, die Wörter schienen ihr oft nicht zu den Dingen zu passen, und wenn sie Bilder ordnen oder selbst eine Geschichte erzählen sollte, schien es ihr unmöglich, die richtige Reihenfolge zu finden, denn alles hing doch immer miteinander zusammen und hätte auch gleichzeitig oder rückwärts passieren können.

»Das verstehe ich nicht«, sagte Laila. »Wie meinst du das: Alles könnte auch rückwärts passieren? Das ist doch bedoinkt. Eine Bildergeschichte ist doch kein Auto, das in alle Richtungen fahren kann.« »Bedoinkt« war ein Wort, dass sie sich ausgedacht hatten, es gehörte nur ihnen.

Jördis gab ihr das Tablet, auf dem ihre Lernaufgaben in Deutsch waren. »Na ja, bei mir sieht das so aus.«

Laila staunte. »Okay, das ist wirklich ganz anders als bei mir in Deutsch. Guck mal, mein Mathe.«

Und so kam es, dass die beiden ihre Tablets mit den jeweils hoch individualisierten Lerninhalten tauschten und anfingen, die Aufgaben der anderen zu lösen, die eigentlich viel zu leicht für sie waren, aber auch auf interessante, seltsam verführerische Weise fremd. Sie kicherten, und der dicke Teppich im Wissensraum schluckte von diesem Kichern die eher anarchischen kleinen Spitzen, so dass bei der Lehrerin nur noch das Geräusch ankam, das ihrer Erfahrung nach Kinder machten, die Freude am Lernen hatten.

Einige Tage lang war die Lehrerin erst erleichtert, dann erfreut, und schließlich gewöhnte sie sich daran, dass bei Jördis die Lernampel jetzt auch in Deutsch immer gleich am Wochenanfang auf Grün stand und bei Laila in Mathe, obwohl das bei beiden im jeweiligen Fach sonst immer bis Donnerstag oder Freitag gedauert hatte. Der Algorithmus des Lernprogramms dachte sich nichts dabei: Entwicklungssprünge und Veränderungen im Lernprogramm waren in den ersten Schuljahren auch unter normalen Umständen noch so unberechenbar, dass durch die Fortschritte der beiden keine Parameter verletzt wurden. Sie tauschten immer rechtzeitig die Tablets zurück, so dass jede immer nur das machte, was sie wirklich gut konnte: Bald machte Jördis auf beiden Tablets Mathe, denn Lailas Matheaufgaben waren zu schwierig, die Lernschritte zu groß geworden, seit Jördis angefangen hatte, dem Programm dazwischenzufunken. Und in Deutsch war es mit Laila genauso: Das machte alles sie. Die Lehrerin sah zwar hin und wieder, wie die beiden ihre Tablets tauschten, aber sie dachte sich nichts dabei: Teamarbeit war wichtig.

Doch eines Tages hatte jede aus Versehen das Tablet der anderen mit nach Hause genommen. Sie hatten in der Schule nicht alles geschafft, weil sie zu beschäftigt damit gewesen waren, in Kunst ein 2-D-Hüpf-und-Rennspiel zu programmieren.

»Und jetzt?«, fragte Laila. »Ich kann Mathe nicht machen.«
»Geht mir auch so mit Deutsch«, sagte Jördis. »Kommst du zu mir?«

»Wieso nicht du?«

»Ich darf nicht. Das Essen kommt gleich.«

»Bei uns auch.« In diesem Moment kam Seraphine, Lailas große Schwester, ins Zimmer und störte die beiden Freundinnen bei ihrem Chat. Eigentlich wollte sie nur sagen, dass das Essen da war, aber sie hatte den Instinkt der großen Schwester für die Sorgen der kleinen, die sich für eine kleine Quälerei vor dem Abendbrot ausnutzen ließen. Mit drei Sätzen hatte sie Laila und Jördis ihr Geheimnis entlockt.

»O snap!«, sagte Seraphine, die altmodische Redensarten und Sprichwörter liebte, »da habt ihr ja so richtig Scheiße gebaut.«

»Wieso?«, fragte Jördis.

»Ist doch klar«, sagte Seraphine und ließ sich dramatisch in den Sitzsack ihrer kleinen Schwester fallen. »Das Lernprogramm arbeitet mit euch, seitdem ihr in der Schule seid. Es ist genau für euch gemacht, es passt sich euch immer mehr an. Es soll euch bis ans Ende der Schulzeit begleiten. Es kennt euch besser als Mama und Papa. Und jetzt …«

Seraphine machte eine dramatische Pause.

»Und jetzt habt ihr es kaputt gemacht, weil deins«, sie zeigte auf Laila, »für Jördis gelernt hat. Und umgekehrt. Jetzt ist alles kaputt. Das ganze Programm.«

»Das kann Mama bestimmt wieder heilmachen«, sagte Laila mit einer allerdings etwas angestrengten Zuversicht in der Stimme.

Seraphine schnaubte. »Von wegen. Das ist wie ein Virus, wenn so ein Programm einmal was Falsches lernt. Wisst ihr, woher das Programm kommt? Aus Amerika oder China oder so was. Das hat längst die ganzen Daten infiziert. Was ihr da gemacht habt, kostet Milliarden, um es wieder heilzumachen. Milliarden.«

Laila rannte heulend aus dem Zimmer, um es ihren Eltern zu beichten. Auch wenn ihre Eltern keine Milliarde hatten, wusste sie aus Erfahrung, dass man sich nach dem Beichten besser fühlte, und im Moment sehnte sie sich nach nichts mehr, als sich ein bisschen besser zu fühlen.

Jördis sagte: »Wie viel ist noch einmal eine Milliarde?«, denn sie hatten erst Rechnen im Zahlenraum bis einhundert. Aber Seraphine hörte sie nicht mehr, sie war schon aus dem Zimmer gegangen.

Während das Essen auf dem Tisch kalt wurde und Seraphine sich ärgerte, dass sie nicht schon anfangen durfte, tröstete ihre Mutter Laila.

»Mach dir keine Sorgen«, sagte sie und warf Seraphine einen finsteren Blick zu, »das kostet keine Milliarden.«

Seraphine zuckte mit den Achseln, rollte die Augen und angelte sich unauffällig ein Stück Teriyaki-Tofu.

»Was … kostet … das … denn?«, schluchzte Laila, vielleicht eine Spur zu theatralisch.

»Nur einen Anruf bei eurer Lehrerin«, antwortete ihre Mutter. Sie persönlich fand diese ganze Sache mit den Algorithmen, von denen die Kinder lernten, durchaus ein wenig unheimlich. Und wenn sie ehrlich war, amüsierte es sie, dass Laila und ihre Freundin dem System so analog dazwischengefunkt hatten.

»Anrufen«, ätzte Seraphine. »Schreib ihr doch gleich einen Brief. Mit Tinte.«   TR

1. Ein Mythos auf dem Prüfstand – Warum Computerspiele besser sind als ihr Ruf

Donnerstagvormittag an Hamburgs Uniklinik, dem UKE. Das Wartezimmer von Michael Schulte-Markwort, einem der renommiertesten Jugendpsychiater des Landes, ist voll. Einmal in der Woche hört sich der 62-jährige Professor die Probleme der Kinder und ihrer Eltern an. Es geht oft um Schule, Leistung, die Verzweiflung der Eltern, und ganz oft geht es – zumindest bei den Jungen – um Computerspiele. Michael Schulte-Markwort reagiert dann meist gar nicht so, wie es die Erwachsenen erwarten. Er schlägt nicht die Hände über dem Kopf zusammen, spricht nicht von Computersucht und empfiehlt weder Zeitschaltuhren und Verbote noch die Anmeldung bei den Pfadfindern. Nein, Computerspiele sind für ihn ein Teil der Moderne.

Er erinnert die Eltern an Zeiten, in denen sie glücklich waren, wenn sie ihre Kinder nach der Geburt möglichst lange von Süßigkeiten fernhalten konnten. Dies habe allerdings regelmäßig dazu geführt, dass sich diese Kinder auf den ersten Kindergeburtstagen bei anderen Familien wie ausgehungert auf Schokolade und Bonbons gestürzt haben und völlig auf Süßes fixiert waren. Andere Generationen durften auf keinen Fall fernsehen und wurden mit 20, kaum dass sie von zu Hause ausgezogen waren, zu TV-Junkies. Sie verschlangen eine Serie nach der anderen und brauchten Jahre, um sich davon zu erholen. Und wieder andere – Jahrzehnte zuvor – bekamen mahnende Worte zu hören, wenn sie zu lange gelesen haben. »Du verdirbst dir noch die Augen«, hieß es dann. Und: »Geh doch mal raus, spielen.« In den 1970er Jahren fanden viele Eltern sogar die Carrera-Bahn zu modern im Vergleich zur guten alten BRIO-Eisenbahn. Monopoly galt als kapitalistisch und asozial, weil man sich da bereichert und Dagobert Duck spielt.

»Das lässt sich doch gar nicht vergleichen«, sagen viele Eltern von heute: »Kinder, die gamen, werden dumm und dick, bekommen eine schlechte Haltung, eine schlechte Haut, sind unkreativ und werden in sozialen Netzwerken gemobbt.«

Das stimmt nicht, sagt zumindest Michael Schulte-Markwort. Er findet, dass man das so pauschal nicht sagen könne, und viele andere Experten geben ihm Recht. Es finden sich keinerlei Hinweise darauf, dass die Kids von heute beziehungsgestörter geworden sind. Im Gegenteil: Der Hamburger Psychiater hält sie für sozial kompetenter als frühere Generationen. Wenn er vor 20 Jahren Eltern und Kind ins Behandlungszimmer rief, redeten ausschließlich Mutter oder Vater. Heutzutage können auch jüngere Kinder sehr gut ausdrücken, was mit ihnen los ist. Das hat natürlich nur bedingt etwas mit der digitalen Welt zu tun. Hier zahlt sich die Erziehung auf Augenhöhe aus, die viele Kinder und Jugendliche in den Schulen und im Elternhaus erleben.

Schulte-Markwort rät den Eltern, sich einen Zettel an den Kühlschrank zu pappen, auf dem steht: »Es gibt keinerlei Hinweise darauf, dass die Kinder durch die Benutzung digitaler Medien dümmer werden oder in der Schule schlechter abschneiden!« Allein das kann schon entlasten und zum Familienfrieden beitragen.

Diesen Satz unterschreibt übrigens auch der Bundesverband Alphabetisierung und Grundbildung. Die heutigen Kinder und Jugendlichen lesen und schreiben deutlich mehr als frühere Generationen – auch wenn sie nur noch selten in 300-Seiten-

Wälzern schmökern. Es gibt kaum noch Analphabeten in dieser Altersgruppe. Analphabeten gibt es heutzutage vor allem unter den Menschen mit Migrationshintergrund, die spät die deutsche Sprache gelernt haben, sowie bei Menschen in der Generation 80plus, die kriegsbedingt keinen Schulabschluss gemacht haben.

Der Jugendpsychiater weiß die Bildungschancen des Internets zu würdigen. Er meint: Die Kinder müssten lernen, die digitalen Medien in ihr Leben zu integrieren. Sie aus dem Alltag zu verbannen sei unvorstellbar. Und weil das Smartphone zum Alltag seiner Klienten gehört, bietet der Experte mittlerweile auch Therapiestunden per WhatsApp und Skype an und erzielt damit Erfolge. Die Jugendlichen haben das Gefühl, jederzeit mit ihren Sorgen und Kümmernissen gehört zu werden, und der Psychiater kann auch mal als Feuerwehr fungieren, wenn die Nöte zu groß werden.

Ins gleiche Horn stößt der Münsteraner Psychotherapeut und Autor Georg Milzner: Er hält die Panik der Eltern vor dem Computerspiel ihrer Kids für »digitale Hysterie«. Er hat sich mit seinem 11-jährigen Sohn vor den Computer gesetzt und die gängigen Games durchgespielt. Dabei machte er eine überraschende Erfahrung: Die Jüngeren haben den Älteren etwas voraus – nämlich Fingerfertigkeit und Schnelligkeit.

98 Prozent der Eltern, die Milzner kennengelernt hat, haben nie versucht, die Games ihrer Kinder mitzuspielen. Die überwiegende Mehrheit weiß eigentlich gar nicht, was die Kids da machen, und fragt auch gar nicht nach. Dabei bietet das gemeinsame Computerspiel durchaus Chancen des Miteinanders – gerade in der Entwicklungsphase, wenn die klassischen Spiele von Monopoly bis Playmobil »out« sind und die stereotype Antwort auf den Vorschlag einer gemeinsamen Unternehmung lautet: »Weiß nicht.«

Kinder nutzen das Internet übrigens sehr geschlechtsspezifisch: Der meiste Stress herrscht in Familien mit Jungen. Jungen zeigen nämlich eine stärkere Spiele- und Action-Orientierung als Mädchen. Bei Jungs muss es krachen und knallen, und es fallen permanent für Eltern so schockierende und gewöhnungsbedürftige Sätze wie: »Du hast nur noch ein Leben!« Mädchen chatten viel mehr und suchen im Internet nach Informationen. Allerdings schauen sie als Jugendliche genauso gerne wie die Jungen Videos bei YouTube oder streamen US-Serien.

Die Diagnose, dass deutsche Eltern sich oft gar nicht dafür interessieren, was ihre Kinder im Netz so treiben, deckt sich mit den Ergebnissen repräsentativer Studien. Im Gegensatz zu anderen Ländern ist die Lage in Deutschland schizophren: Je kritischer die Eltern auf die Computerspiele und die Internetnutzung ihrer Kinder achten, desto weniger fühlen sie selbst sich in der digitalen Welt sicher. Sie reden also von etwas, das sie gar nicht kennen.

Das trifft natürlich nicht auf die gesamte Elternschaft in Deutschland zu – sie ist zweigeteilt: Je mehr die Eltern selbst das Internet in ihren Alltag integrieren, desto besser kennen sich auch ihre Kinder damit aus und zeigen eine hohe Internetkompetenz. Sie können Websites öffnen, Quellen recherchieren und Gefahren einschätzen. Zum Beispiel, wie sie reagieren sollten, wenn sie ein User im Internet anspricht. Diese Hälfte der Elternschaft meint, dass ihre Kinder im Internet recherchieren und Computerprogramme bedienen können müssen, um später im Beruf erfolgreich zu sein.

Dagegen versucht jede zweite Mutter und jeder zweite Vater, sein Kind vom Computer oder dem Internet fernzuhalten, und reibt sich in täglichen Streitereien über die Medienzeit auf. Diese Gruppe spricht nicht direkt mit dem Kind über das, was es im Internet entdeckt. Und viele Eltern fühlen sich auch abgehängt: Die Kinder entdecken im Schnelldurchgang einen Bereich, für den die Eltern am Arbeitsplatz Jahre gebraucht haben. Hinter der Abwehr stecken also auch Unsicherheit, Unkenntnis und jede Menge Vorurteile.

Es scheint eine große Hemmschwelle zu geben, selbst zum Joystick zu greifen und einfach loszulegen. Auch die potenziellen Gefahren, denen Kinder im Internet ausgesetzt sind, beurteilen jene Eltern am höchsten, die am wenigsten über die Möglichkeiten der Internet-Kindersicherung informiert sind. Viele Eltern fühlen sich dem Internet und seinen Gefahren ausgeliefert, ohne zu wissen, dass es mittlerweile auch technische Möglichkeiten gibt, gefährliche Seiten zu sperren.

Um den Einfluss des Internets und der Computerspiele einzudämmen, greifen die Eltern zu verschiedenen Strategien: Bei den jüngeren Kindern sagt die Mehrheit der Eltern, dass ihre Söhne oder Töchter nur Spiele spielen dürfen, die sie vorher begutachtet haben. Zwei Drittel sperren Smartphones, Tablets und Computer/Laptops mit Passwörtern oder Zeitschaltuhren, damit sie nicht unkontrolliert genutzt werden können. Zwei Drittel legen mit ihren Kindern Medienzeiten fest, zu denen sie am Computer spielen dürfen.

Bei den älteren Kindern sind die Eltern deutlich lässiger – zumal das Internet von 14- bis 18-Jährigen mehr und mehr für Schule und Hausaufgaben genutzt wird. Trotzdem zeigen sich viele Eltern hilflos, wenn der Jugendliche abends nicht vom Computer wegkommt. Da kursieren dann schon mal skurrile Geschichten, dass hier und da der eine oder andere Computer aus dem Fenster geflogen sein soll. Computerlatein eben.

Natürlich darf der Hinweis nicht fehlen, dass es auch das Gegenteil gibt: Eltern, die aus Bequemlichkeit ihre Kinder machen lassen, was sie wollen, und die zugeben, dass ihre Töchter und Söhne nicht selten beängstigenden Erfahrungen im Internet ausgesetzt seien. Hier fehlt es komplett an digitaler Erziehung.

Klar ist, dass Kinder über Jahre eine qualifizierte und umfassende Vorbereitung auf die digitale Welt benötigen. Sie brauchen Medienerziehung – nicht nur von den Eltern, sondern auch von Schulen und Kindergärten. Diese Erziehung wird derzeit vor allem von den Eltern geleistet, die selbst internetaffin sind, die der digitalen Welt positiv gegenüberstehen und das Netz Tag für Tag auch im Alltag nutzen. Für sie ist es selbstverständlich, dass auch ihre Kinder das Internet als Teil ihres Lebens sehen – allerdings altersgemäß und unter Beobachtung der Eltern.

Diese Form des Miteinanders kann durchaus eine Brücke zwischen Kindern und ihren Eltern bilden, zumal es überhaupt nicht mehr darum geht, ob Kinder und Jugendliche online sind. Sie sind es: Mehr als die Hälfte der 8-Jährigen nutzt bereits das Internet. Von den 6-Jährigen geht ein Drittel regelmäßig ins Netz, bei den 3-Jährigen ist es schon jedes zehnte Kind. Es geht also darum, sich diesem Phänomen zu stellen, auch wenn es einem fremd ist. Es geht darum, damit umzugehen. Ein Back-to-the-Roots, ein Zurück in die Offline-Welt zu Stockbrot, Lagerfeuer, Cowboy und Indianer wird es nicht mehr geben.

Fast wie Lego – Eine Anleitung zum Einstieg in eine fremde Welt

Warum probieren Sie es nicht einmal selbst aus? Ein gutes Einstiegsspiel für computerspielfremdelnde Menschen ist Pokémon Go. Viele Eltern kennen die kleinen Fabelgestalten noch von den Kartenspielen aus der Grundschulzeit ihrer Kinder. Das war wie das Autoquartett aus den 1970ern: Ein Wesen hat mehr Kraft als das andere und übertrumpft damit die andere Karte. Bei Pokémon Go geht es darum, die virtuell in der Stadt verteilten Pokémons mit dem Smartphone einzufangen. Der positive Nebeneffekt ist ein gemeinsamer Spaziergang an der frischen Luft!

Vielleicht macht Ihnen ein Erlebnisbericht von einem Pokémon-Go-Nachmittag mit meinem Sohn Quentin die Sache schmackhaft.

Nach Schulschluss starten wir die App, die wir vorher bei Google Play heruntergeladen haben. Sie ist kostenlos. Zu sehen ist ein älterer Herr mit Brille. Quentin sagt: »Am Anfang wird einem erst mal von Prof. Willow erklärt, wie die Welt der Pokémon aufgebaut ist.« Der bärtige Professor Willow legt mit schnarrender Stimme los: »Deine Aufgabe besteht jetzt darin, überall Pokémon zu suchen und zu sammeln. Wähle jetzt deinen Look für dein Abenteuer aus ...«

Quentin erklärt das Ziel des Spiels: »Bei Pokémon Go geht es darum, im echten Leben rumzulaufen und mit seinem Smartphone Pokémons zu finden, um dann in Arenen gegen andere Spieler kämpfen zu können.« Während wir durch die Straßen Hamburgs spazieren, behalten wir die App im Auge. Sie zeigt einen digitalen Stadtplan, ähnlich wie bei Google Maps. Auf dem Plan sind lauter kleine Dreiecke markiert – sogenannte Pokestops, oftmals sind es Graffitis, Cafés oder Sehenswürdigkeiten wie Denkmäler. Zu diesen Dreiecken müssen wir laufen oder fahren. Dort angekommen verwandeln sich die Dreiecke auf dem Smartphone in bunte Bälle.

Diese »Pokebälle« fungieren als eine Art Munition, mit der wir Pokémons bewerfen und einfangen können. Die Fabelwesen erscheinen nämlich stets plötzlich und unerwartet auf dem Smartphone, und je mehr man von ihnen per Bällewerfen fängt, umso besser. Dieses Bewerfen geht in der virtuellen Welt so, dass wir über den Bildschirm wischen, wodurch das getroffene Pokémon verschwindet. Aber Achtung: Man muss schon sehr schnell wischen. Ein langsames Ziehen über das Smartphone-Display reicht nicht.

Aber was sind eigentlich noch mal Pokémons? Der 15-jährige Quentin kennt sie schon aus seiner Grundschulzeit, damals in Form von Quartettkarten: »Pokémons sind Fabelwesen mit vielen Fähigkeiten. Sie können Blitze schießen, sich super schnell machen oder Flammen werfen.« Mal sind sie niedlich und werfen Kusshände, dann wieder werden sie gefährlich und schlagen um sich. Alles in allem sind sie eher die verträglichere Variante von Computerwesen. Der Hype begann bereits Ende der 1990er Jahre: Besonders beliebt waren damals das Tauschen von Pokémon-Karten und die Spiele auf dem Nintendo-DS.

Als Pokémon Go im Sommer 2016 startete, sah man überall auf Straßen und Plätzen Menschen, die ihre Nasen in ihre Smartphones steckten und ab und an mit dem rechten Zeigefinger über den Bildschirm wischten, um mit einem Pokeball ein Pokémon zu erwischen. Auch Quentin hat gerade an der Straßenecke eines der Fabelwesen erspäht: »Wir sind gerade an einem wilden Ratzfatz vorbeigekommen. Den müssen wir haben!« Eine Wischbewegung nach oben, und das Pokémon wird mit dem Ball beworfen. Super: Wir haben ihn erwischt. Jetzt gehört er uns.

Es ist Abend: Bei uns um die Ecke ist eine Pokémon-Arena. Da wir mittlerweile Level 5 erreicht haben, dürfen wir gegen andere Jäger kämpfen. Die Arena ist an einem alten Denkmal. Wir laufen hin.

Dort hockt ein einsamer Pokémon, den wir jetzt mit unserem stärkeren Pokémon vertreiben wollen. Auf dem Smartphone erscheinen beide Fabelwesen. Wir werfen Blitze auf den Gegner. Geschafft! Quentin ist begeistert: »Wir haben das feindliche Pokémon besiegt. Jetzt kontrollieren wir diese Arena.«

Was für ein Tag: Arena verteidigt. 15 Pokémon eingesammelt. Kind viel draußen gewesen und sogar mit Eltern spazieren gegangen. Wie schön! Und dabei auch den Warnhinweis beachtet, der immer wieder auf der App auftaucht: Bleibe wachsam – behalte immer deine Umgebung im Auge.

Übrigens: Nach ersten medizinischen Studien in den USA hat das Spiel am Anfang bei eher übergewichtigen Usern zu einer Gewichtsabnahme geführt, weil sie sich schlicht mehr bewegt haben. Nach sechs Monaten war dieser Effekt aber wieder verschwunden.

Ein gängiges Einstiegsspiel am Ende der Grundschulzeit ist »Minecraft«, eine Art Lego im Internet. Kinder können hier ganze Welten mit Blöcken aufbauen. Anschließend dienen diese Welten als Szenario für eine Art virtuelles Jagdspiel. Es geht darum, sich nicht von anderen abschießen zu lassen – weshalb Minecraft als »Survivor-Spiel« gilt. Auch dieses Spiel ist eine gute Möglichkeit, zumindest Grundzüge des Gamens zu verstehen. Dabei sollten sich Eltern nicht von martialisch wirkenden Sätzen wie »Der hat nur noch ein Leben« abschrecken lassen.

Für Fortgeschrittene bieten sich »League of Legends« oder »Overwatch« an. Mädchen ab 14 finden zumeist »Life is strange« spannend, ein PlayStation-Spiel, das die Abenteuer eines College-Girls begleitet. Das Interessante dabei ist, dass man Aktionen und Handlungen wieder rückgängig machen und der Geschichte eine andere Wendung geben kann.

Allerdings braucht es bei all diesen Spielen viel Geduld und Fingerfertigkeit. Für Eltern, die das Gefühl haben, dass das Computerspiel ihre Kinder unruhig und nervös macht, ist ein Selbstversuch sinnvoll. Sie merken dann genau, welche Dosis ihren Kindern guttut und wann es wirklich Zeit ist, den Computer auszumachen. Außerdem können sie sich auf diese Weise besser in die Logik der Spiele hineindenken. Denn in vielen

Familien führt die elterliche Verweigerungshaltung zu den immer gleichen stereotypen Sätzen: »Mach doch endlich die Kiste aus und spiel was!« Und die Antwort: »Das geht jetzt nicht. Ich muss den Level noch zu Ende spielen, sonst geht alles verloren.« Viele Eltern verstehen dabei gar nicht die Spielregeln: Einem Kind zum Beispiel nur jeden zweiten Tag »Minecraft« zu erlauben ist paradox. Minecraft gehört nämlich zu der Sorte Computerspiele, bei denen mehrere gemeinsam an einem Projekt weiterbauen – und zwar kontinuierlich und damit täglich. An diesem digitalen Abenteuer einen Tag nicht dabei sein zu dürfen bedeutet, den Anschluss zu verlieren. Bei anderen Teamspielen wie »League of Legends« verliert das gesamte Team Punkte, wenn sich einer plötzlich ausklinkt, weil der Vater eines Spielers den Stecker gezogen hat und für Kompromisse mit dem Sohn nicht empfänglich ist. Die Folge: Am nächsten Tag wird dieses Kind bei der Verabredung in der Schule nicht gefragt, ob es abends für ein Spiel zur Verfügung steht. Da prallen zwei Welten aufeinander – die der »Digital Natives« und die der »Digital Dinosaurier«.

Computerspiele sind nur eine Spielart dessen, was Jugendliche am Rechner oder iPad so treiben. Eines der überraschendsten Online-Phänomene der vergangenen Jahre ist »Let's Play«. Das steht für ein Video-Genre, das weltweit das erfolgreichste Format auf YouTube ist. Die Macher dieser Videos heißen »Let's Player«. Die bekanntesten unter ihnen sind für Jugendliche und Kinder große Stars. Dabei klingt das, was in einem »Let's Play«-Video passiert, erst einmal ziemlich langweilig: Einer oder mehrere daddeln ein Spiel am Computer und sprechen währenddessen darüber. Die gesamte Aufnahme, also Spiel und Kommentar des Spielers, wird bei YouTube hochgeladen und präsentiert – und dort dann manchmal von Millionen Zuschauern geschaut.

Wer bei YouTube Videos einstellt, eröffnet damit automatisch einen Kanal. Wenn Nutzern die Videos eines Kanals gefallen, abonnieren sie diesen Kanal und werden über jede Neuerung informiert. 2016 war der erfolgreichste Kanal in Deutschland der von »Let's Player« Gronkh, mit vier Millionen Abonnenten. Das sind mehr Menschen, als die ARD-Tagesthemen sehen. Auf dem zweiten Platz der YouTube-Charts stand ebenfalls ein Let's-Play-Kanal, nämlich der eines Kollektivs namens PietSmit.

Zum Vergleich: Der Rap-Star Bushido hatte 2016 auf seinem Videokanal nur etwa halb so viele Abos. Die YouTube-Kanäle der ARD oder der Bundesliga bei Bild werden jeweils nur von etwas über 200.000 Menschen abonniert, also einem Zwanzigstel des Gronkh-Klientels. Diese Zahlen sind nicht nur Statistik: Der große Erfolg der Videos lässt sich auch außerhalb des Internets erleben. Bei den »Video Days« in Köln und Berlin versammeln sich die »Let's Play«-Fans in der Arena, um ihren Idolen live zu begegnen: 15.000 kamen im August 2017 allein nach Köln. Da gibt es Autogrammstunden, und für ein Selfie mit ihrem Star warten die Fans gerne Stunden.

Der österreichische Philosoph Robert Pfaller vergleicht die »Let's Play«-Kultur mit dem Fußballschauen, einem der liebsten Hobbys der Deutschen. Er nennt das Interpassivität: Die für bestimmte Vergnügen notwendige Aktivität wird an andere delegiert. Das können eingespielte Lacher in Sitcoms sein – sie ersparen uns das Selber-Lachen. Das können Hobby-Köche sein, die Koch-Shows schauen, statt selbst ein Schälmesser in die Hand zu nehmen. Oder Fußballfans, die vor dem Fernseher sitzen, statt über den Bolzplatz zu laufen. Oder eben Gamer, die sich »Let's Play«-Videos ansehen, anstatt selbst zu spielen.

Nach Pfallers Theorie erlaubt Interpassivität eine Luststeigerung, indem man anderen zuschaut, wie sie sich aktiv vergnügen. Olympische Spiele, Bundesliga, EM, WM – wer kennt das

nicht? Fußball im Fernsehen schauen akzeptieren wir als Volks-
sport, der sogar beim Public Viewing zum höchst sozialen Ereig-
nis werden kann, wenn sich beim Sieg der eigenen Mannschaft
wildfremde Menschen in den Armen liegen.

Auch ein Gamer, der in ein Spiel eintaucht und dort andere
Spieler angreift oder abschießt, ist mit einem Fußballfan vergleichbar. Die Botschaft an alle Väter lautet also: Ihr Sohn macht nichts
anderes als Sie, wenn Sie samstags die Sportschau sehen! Das sagt
jedenfalls der Kulturwissenschaftler Christoph Bareither von der
Uni Tübingen: Gewalt in Computerspielen ist wissenschaftlich
gesehen ein hochkomplexes Vergnügen. Es steht dem Kinobesuch
oder dem Fußballspielen seiner Ansicht nach in nichts nach.

Bareither untersuchte in seiner Doktorarbeit die emotionalen Erfahrungen beim Spielen. Ohne großartig in Gut und Böse
zu unterteilen, wollte er nachvollziehen, warum Spieler Ge-
waltsimulationen als Vergnügen erleben. Dazu beobachtete er
Online-Spielgruppen und LAN-Partys, führte ausführliche In-
terviews und wertete YouTube-Videos und Medienberichte von
1983 bis 2014 aus. Sein Fazit: Der Spieler baut eine Beziehung
zu seinem Avatar auf und kann ihn Gewalt ausüben lassen – ob
auf ästhetisch grazile, kraftvolle oder stürmische Weise. Ist der
eigene Avatar den Gegnern überlegen, genießen Spieler diese,
wie Bareither es nennt, »soziale Dominanzerfahrung«.

Wer in Gruppen zockt, hat Vergnügen am Wettkampf – sei
es, gegen andere zu kämpfen oder miteinander Taktiken auszu-
tüfteln und Frust sowie Erfolge zu teilen. Angst oder Stress in
virtuellen Gefahrensituationen werden als lustvoll und anregend
erlebt. Allerdings: Spieler sind zwischenzeitlich auch unglück-
lich, sie haben Mitleid und Schuldgefühle, erleben Ekel und
Entsetzen. Insgesamt ist es also eine sehr emotionale Erfahrung.
Wie emotional es sein kann, hat Till Raether mit seinem Sohn
beim PlayStation-Spiel erfahren. In einem Selbsttest über ins-

gesamt 36 Stunden wollte er in die Welt seines pubertierenden Sprösslings eintauchen. Hier folgt sein Erlebnisbericht, der im »Süddeutsche Zeitung Magazin« abgedruckt wurde.

Wie ich mich von meinem Sohn zu einer Kampfmaschine ausbilden ließ – und ihm dadurch nah blieb

»Ich bin nicht glücklich mit dieser Waffe!«, schreie ich, während das Blastergewehr in meiner Hand überhitzt. Es richtet zu wenig Schaden an, seine Zielgenauigkeit ist mies, ich treffe nichts und kämpfe um mein Leben.

»Echt?« Mein Sohn bleibt gelassen. »Ich liebe diese Waffe. Du musst mit der Weichheit des Controllers arbeiten, Papa.«

So viele Eltern erzählen von Söhnen, die sie in der Pubertät an den Computer verloren haben. Und dass es dann Jahre dauert, bis die Söhne eines Tages wieder aus ihrem Zimmer kommen, »Tach« sagen und junge Männer geworden sind. Mein Sohn ist zwölf, und ich ahne seit einem Jahr, wie das anfängt. Irgendwann hast du Angst, nicht mehr ins Gespräch zu kommen, Angst, dass der Faden abreißt. Am Anfang ist dir dein Kind so nah wie nichts auf der Welt, und dann muss das Kind sich von dir lösen. Klar! Aber muss es so weit wegdriften? Und warum in die Richtung, aus der das Geballer kommt?

Ich möchte in Kontakt bleiben. Ich möchte ihn weiter verstehen. Und ich bin bereit, dafür einiges auf mich zu nehmen. Zum Beispiel, mich von ihm zu einer Kampfmaschine ausbilden zu lassen, zu einem gnadenlosen, effektiven Killer.

Also sind wir im Gespräch, immer noch. Oder wieder. Auch wenn dieses Gespräch aus solch bizarren Sätzen besteht wie:

»Okay, Papa, sechs Kills mit Widowmaker, nicht so doll; aber immerhin – zwei Headshots.«

Anfang des Jahres geriet mein Sohn wie Abermillionen anderer Menschen auf der Welt in Aufregung, weil die Firma Blizzard das neue Computerspiel »Overwatch« ankündigte. Die Firma hat bereits mit Spielen wie »World of Warcraft« unzählige Menschen dazu gebracht, Stunden ihres Lebens mit einem Controller oder einem Keyboard vor einem Bildschirm zu sitzen. »Overwatch« war schon vor seinem Erscheinen ein legendäres, lang erwartetes und vor allem für meinen Sohn unerreichbares Computerspiel. Unerreichbar, weil: ab 16. Trotzdem wünschte er es sich zu seinem zwölften Geburtstag. Wünschen kann man sich alles, lernen die Kinder bei uns. Das soll auf pädagogische Weise ein wenig hart und weise klingen, aber in Wahrheit kriegen sie dann doch immer die meisten Wünsche erfüllt.

Und warum nicht »Overwatch«, dachte ich. Aus den fast ununterbrochenen Beschreibungen meines Kindes wusste ich, dass »Overwatch« eher eine Zeichentrick- und Manga-Ästhetik hat: Es kämpfen zwar verschiedene Spieler in Teams gegeneinander und töten die Figuren oder Avatare des anderen oder, wie mein Sohn mit Duktus eines Drehbuch-Lehrers sagt, die »Charaktere«. Aber diese »Charaktere« sind wie im Comic bunt und verspielt, sie haben ganz unterschiedliche komplexe Fähigkeiten. Da ist ein relativ tumber Soldat ebenso darunter wie eine Scharfschützin mit französischem Akzent, eine Art Polarforscherin, die mit Eiszapfen schießt, und ein mit seltsamen Cyborg-Dreadlocks ausgestatteter Heiler-DJ, der sein Team mit Musik wieder gesund machen kann. Ich sah mir ein paar Bilder und Filme an und dachte: Das ist doch Quatschkram, das schadet einem Zwölfjährigen nicht, jedenfalls nicht unter meiner Aufsicht.

Eine der Hauptaufgaben von Eltern mit Kindern ab dem Grundschulalter ist heute, ihre Kinder auf dem Weg in die digitale Welt zu begleiten beziehungsweise ihnen auf diesem Weg so gut es geht hinterherzuhecheln. Diese Aufgabe fällt in meiner Familie mir zu, weshalb ich mir von meiner achtjährigen Tochter oft Do-it-yourself-Inspirationsvideos auf YouTube zeigen lasse – so oft, dass ich mitunter meine eigenen Alltagshandlungen innerlich mit Sätzen wie »Ich zeige euch heute mal, wie man ein müdes Mittvierziger-Gesicht rasiert, das ist super einfach« untermale.

Es begann nun also das Zeitalter von »Overwatch«. Da wir nur über eine einzige PlayStation verfügen, spielen wir abwechselnd. Die Gefechte mit anderen Menschen, die irgendwo auf der Welt auf ihrem Sofa sitzen, dauern zwischen fünf und zwanzig Minuten. Man entscheidet sich für eine Figur, die man zwischendurch wechseln kann. Es sind über zwanzig mit völlig unterschiedlichen Fähigkeiten, die zu gewissen Zeiten über mindestens acht verschiedene Tasten auf dem Controller abrufbar sind. Ich hatte es mir weniger kompliziert vorgestellt, mit meinem Sohn im Gespräch zu bleiben.

Die Orte, um die man kämpft, sind angelehnt an touristische Ziele in Japan, Griechenland, Mexiko oder England. Sie sehen aus, als hätte jemand von Studiosus-Reisen sie unter dem Einfluss von halluzinogenen Pilzen einigen Manga-Zeichnern beschrieben.

Was mich überrascht und überfordert, ist neben der Komplexität der Bedienung (ein gutes Dutzend Tasten pro Controller) bei gleichzeitiger Primitivität der Agenda (andere töten) die Strenge meines Sohnes. Als ich im Trainingsbereich des Spiels daran scheitere, ein paar Roboter mit Blaster-Schüssen zu zerlegen, sagt er, durchaus bedauernd: »Du bist so ein Noob, Papa«, also ein blutiger und nicht besonders intelligenter Anfänger (korrekt »n00b« geschrieben). Dann erklärt mir das Kind mit einer gewissen Gravität in der Stimme: »Über diese Art Spiel sagt man: Easy to learn, hard to master.« Als ich gerade anfangen will, über die philosophische Dimension dieser Maxime zu sinnieren, insbesondere darüber, dass man sie auf ganz viel anwenden kann, was meinem Sohn im Laufe seines Lebens begegnen wird, sagt er: »Du wirst merken, was das bedeutet.«

Ich werde, um dies kurz vorwegzunehmen, ein ums andere Mal gnadenlos »gewreckt«, also zerstört. Von der ersten Sekunde an stellt sich eine Hierarchie zwischen meinen Fähigkeiten und denen meines Sohnes ein, die sich nicht wieder umkehren wird: Wir beginnen beide am gleichen Tag, im gleichen Augenblick mit »Overwatch«, aber er kann das irgendwie, und ich kann das irgendwie nicht. Und ich merke, dass das gut ist, weil es unser Verhältnis aufmischt. Seitdem ich etwas, das ihm wichtig ist, viel, viel schlechter kann als er, ist er freundlicher, geduldiger, liebenswürdiger mit mir im Alltag.

Ich merke aber auch, dass es mich wütend macht. Es gibt Nachmittage, die damit enden, dass ich den Controller durchs Wohnzimmer schmeiße und mir die Haare raufe, weil ich so gut wie keine »Kills« hatte und schon wieder gestorben bin, und weil mein Sohn einmal zu oft mit der enttäuschten Geduld des Lehrers fragt, warum ich denn nicht »mit der Weichheit des Controllers« spiele. Es geht so weit, dass ich mich selber frage: Ja, warum eigentlich nicht, warum kann ich diese fließenden, eleganten Bewegungen nicht, mit denen das Kind durchs Spiel navigiert, zwischen Waffen und Fähigkeiten wechselt, sich auf Dächer schwingt und im Fliegen schießt. Warum ist bei mir alles so ruckartig und planlos? Lebe ich am Ende mein ganzes Leben so – viel zu hart, viel zu abgehackt?

Machen wir uns nichts vor: Bei »Overwatch« geht es ums Töten oder Getötetwerden. Die handelnden Personen sind zwar Roboter-, Cyborg- oder Fantasie-Wesen, aber dennoch. Es geht nicht, wie eine Freundin von uns dachte, deren Kinder auch seit

Monaten immer über »Overwatch« reden, darum, wie Muffins im Ofen backen, und man muss sie rechtzeitig herausholen, damit sie nicht anbrennen. (Die Freundin dachte, das Spiel hieße »Ovenwatch«, also Ofenwache.) Nein, hier geht es um die letzten Dinge, und vielleicht lädt das Spiel mich, den Vater in den mittleren Jahren, deshalb zu metaphorischen Betrachtungen ein. Einmal, als ich auf dem Sofa sitze und mich mit existenzieller Erschöpfung in der Stimme sagen höre: »Warum bin ich so schlecht?«, antwortet mein Sohn: »Ach, Papi, du machst eigentlich nur zwei Sachen falsch: Du hast keine Orientierung, und du setzt deine speziellen Fähigkeiten nicht richtig ein.« Ich nicke, denn er hat recht: Es ist mir wieder nicht gelungen, in der Figur des »Junkrat« im richtigen Moment per Knopfdruck das zerstörerisches Zackenrad zu aktivieren, mit dem man eine imposante »Killstreak«, also Tötungssträhne starten könnte. Zugleich klingen die Worte meines Kindes entfernt nach meiner eigenen Stimme, wenn ich an schlechten Tagen mein Leben begutachte.

Aber, wie gesagt, die letzten Dinge: Ich spüre eine fast vergessen geglaubte Nähe zum frühpubertären Zwölfjährigen, während wir spielen. Eine Nähe jedoch, die auf möglicherweise ethisch zweifelhafte Weise zustande kommt. Denn das Spiel ist zwar nicht im engeren Sinne gewaltverherrlichend, aber ohne Gewalt würde das Spiel definitiv nicht existieren. Es ist interessant, wie dehnbar und leistungsfähig mein Rechtfertigungszentrum im Hirn wird, wenn es um diesen Aspekt von »Overwatch« geht: Ich lehne Gewalt prinzipiell und aus Furcht ab. Und doch scheint mir hier der Einsatz von Gewalt gerechtfertigt. Während ich zusehe, wie geschickt mein Sohn in der Figur der Scharfschützin »Widowmaker« mehrere sehr gezielte und für unser Punktekonto wichtige Treffer setzt, denke ich: Andere Eltern speisen ihre Kinder mit gewalttätigen Videospielen ab, um ihre Ruhe zu haben, ich dagegen begebe mich in das gewalttätige Videospiel, um meinem Kind nahe zu sein. Das muss doch was wert sein auf dem Eltern-Karma-Ethik-Gewaltverherrlichungskonto!

Als in München ein Schüler neun Menschen tötet, sind wir im Urlaub, weit weg von der Konsole. Worüber ich froh bin. Nicht, weil die Bilder des Spieles zu nah an der Wirklichkeit wären, denn das sind sie nicht. Und nicht, weil ich an den direkten Zusammenhang zwischen Amokläufen und Computerspielen glaube, den im Juli wieder einmal der Innenminister herstellt. Es ist bewiesen, dass der Zusammenhang nicht kausal und mindestens sehr komplex ist. Nein, ich bin froh, für den Moment weg von »Overwatch« zu sein, weil mich die Sprache erschreckt, das Gerede von den »Kills« und Kopfschüssen. Ich finde keinen Weg, das für mich aufzulösen, aber als wir wieder zurück sind, stelle ich fest, dass ich es nach einer Weile wieder rein als das martialische Brimborium eines irrealen Spiels sehen kann. Oder ich rede es mir schön, weil ich anfange, die Nähe zu vermissen, wenn wir eine Weile nicht gespielt haben.

Also übernehme ich den warmen Controller von meinem Kind, und es gilt wieder, sich für die Figur einer heiteren englischen Pistolenschützin namens »Tracer« zu entscheiden oder für einen pittoresken Roboter namens »Bastion«, der sich in ein Geschütz verwandeln kann und immer von einem Kanarienvogel umschwirrt wird. Beide Figuren sind vergleichsweise einfach zu spielen und darum für mich geeignet.

Trotzdem sterbe ich oft, und die zweite Seite der Gewalt im Spiel ist, das man sie selbst erfährt und auch die leichte Melancholie, die einen dann umfängt: Unmittelbar nach dem eigenen Tod wird die sogenannte »Killcam« aktiviert, es wird einem eine Aufnahme davon vorgeführt, wie man aus der Sicht dessen, der einen abgeschossen hat, stirbt. Wir deaktivieren diese Funktion schnell, weil sie auf mich stark demoralisierend wirkt. Es ist, als könnte ich meine Kündigung im Nachhinein noch mal aus der Sicht meiner Chefin sehen oder die Verarschung in der Autowerkstatt aus der Sicht des Mechanikers. Aber nach einer Weile sagt mein Sohn: »Ich glaube, ich mache die Killcam wieder an, es ist wichtig für dich, daraus zu lernen, du wirst sehen, du bewegst dich nicht genug, und du musst mit der Weichheit …« Schon klar.

Aber er hat recht. Sich selbst sterben zu sehen hat etwas Instruktives. Ein anderes Feature, das mich noch melancholischer macht als die »Killcam«, funktioniert so: Während die eigene Figur tot ist, kann man aus dem Blickwinkel von jemand anders sehen, wie der das Spiel erlebt. Das ist eine plastische Vorstellung von der Hölle: Man stirbt und muss ab da zusehen, wie Nachbar X oder Kollege Y im Leben weiter vor sich hinnulpt.

Die Nebenwirkungen nach einem halben Jahr »Overwatch« sind spürbar: Manchmal haben Leute, die mir auf der Straße entgegenkommen, für eine Sekunde diese roten Umrisse, mit denen im Spiel die Feinde markiert sind. Eine weitere Nebenwirkung ist, dass ich, wie immer beim Erziehen, nach ein paar Wochen den Plan um- und die Prinzipien über Bord werfe und dem Kind erlaube, doch allein zu spielen. Ich bin einfach zu schlecht. Aber das Kind sagt, dass es ihm gar nicht so viel Spaß macht, allein zu spielen, ob ich denn nicht bitte zuschauen kann. Ich seufze, aber dann macht es mir auf seltsame Weise Freude. Es ist wie Action-Kino ohne sinnvolle Handlung, also wie ein Michael-Bay-Film, aber viel besser, denn an mir lehnt leicht das große Kind.   TR

»Der tut nichts« – Sucht ist etwas anderes

Kids, die oft und gern mit Tablet, Smartphone oder PC hantieren, stehen in den Augen mancher Eltern mit einem Bein in der vermeintlichen Katastrophe – der Computersucht. Dabei ist das subjektive Empfinden, was zu viel ist, sehr unterschiedlich: Für die einen ist eine halbe Stunde für ein Grundschulkind schon viel zu viel, die anderen schleppen ihren 14-jährigen Sohn zur Suchtberatung, wenn er täglich nach der Schule zwei bis drei Stunden spielt.

Die Jugendlichen selbst kennen übrigens auch die Kategorie »süchtig«. Das sind die Schulkameraden, die permanent gamen oder mit ihrem Smartphone rumdaddeln. Unter den 14- bis 17-Jährigen haben sich nach neuesten Studien klare Verhaltenskodizes entwickelt. Wer dauernd – auch bei Gesprächen – mit dem Smartphone rumfummelt, ist out. Das gilt als asozial. Unhöflich ist mittlerweile, den anderen mit einem Telefonanruf zu stören. Die Jugendlichen schreiben lieber eine WhatsApp oder eine SMS.

Bildschirm ist für die meisten Eltern der Sammelbegriff für alles, was mit Medien zu tun hat: Computer, iPad, Handy, Smartphone, Wii, PlayStation, Fernsehen, E-Books. Für den Sucht-Therapeuten sind Angaben, wie lange sich ein Kind diesen Medien widmet, normalerweise nicht so entscheidend, sondern eher, wie sich das Kind verhält. Wenn der Psychologe erfährt, dass es noch weitere Hobbys hat, mit Freunden chattet oder spielt und auch sonst sozial aktiv ist, gibt er meistens Entwarnung.

Viele Eltern differenzieren gar nicht, was ihre Kinder mit den Medien eigentlich machen. Für sie ist alles, was mit Computer, Konsolen und Internet zu tun hat, eine Bedrohung. Sie wissen meist gar nicht, wie vielfältig das ist, womit ihre Kinder sich beschäftigen. Viele 14-Jährige stellen sich auf dem Smartphone ihre Playlists zusammen, das entspricht den Kassetten-Tapes der 1970er und 1980er Jahre. Auf der Wii gibt es Bewegungsspiele für 8-Jährige wie Tischtennis oder Bogenschießen. Außerdem natürlich Fernsehen – das kennen die Eltern immer noch am besten. In dem Medium fühlen sie sich sicher. Viele Kinder und Jugendliche hören auf dem Smartphone oder iPad Hörbücher, die sie bei Audible oder im Netz herunterladen. Schulvideos auf sofatutor.de oder anderen Online-Plattformen bieten Lerninhalte kompakt an. Es ist also nicht damit getan, zu sagen: »Eine Stunde am Tag oder zwei darfst du spielen« – es kommt darauf an, was die Kids da eigentlich treiben.

Wann beginnt nun eigentlich die Sucht? Und was für Warnsignale gibt es? Bert te Wildt, Oberarzt an der Uniklinik Bochum, ist einer der Ersten, der dazu geforscht hat und gleichzeitig Betroffene in seiner Klinik behandelt. Für ihn gibt es klare Merkmale einer Computersucht.

Von Sucht sprechen die Experten, wenn Jugendliche 8, 10 oder 12 Stunden am Tag am Computer sitzen – manche Patienten kommen auch auf 16 Stunden. Wichtig für die Diagnose ist dabei, dass diese Menschen ständig gedanklich mit dem Internet und der Frage, wann sie das nächste Mal online sein können, beschäftigt sind. Und die Dosis muss ähnlich wie bei Alkoholabhängigen immer weiter gesteigert werden.

Bert te Wildt präsentiert den Hilfesuchenden in seiner Ambulanz immer folgendes Szenario: Wenn sie dazu Ja sagen, ist die Diagnose relativ klar: Stellen Sie sich vor, Ihnen wird für den Rest des Lebens garantiert, dass Sie immer mit den besten Computern, den schnellsten Internetverbindungen und den neuesten Software-Programmen und Computerspielen ausgestattet werden. Sie werden in einen fensterlosen Raum eingeschlossen. Das Essen würde ihnen regelmäßig unter der Tür durchgeschoben. Wären Sie unter diesen Umständen bereit, dieses Zimmer nie zu verlassen?

Es gibt tatsächlich Menschen, die darauf mit Ja antworten. Das ist Sucht!

Dazu gehört auch, dass diese Menschen sich vernachlässigen, nicht mehr essen, trinken und schlafen und sich permanent mit Energy-Drinks und Kaffee hochputschen. Zu dieser Sucht gehören natürlich auch Entzugserscheinungen: Bei einem kalten Entzug vom Internet ist mit ausgeprägten emotionalen Krisen und klaren körperlichen Symptomen zu rechnen – Herzrasen und Bluthochdruck inklusive.

Wenn Bert te Wildt in seiner Praxis derart computerabhängige Menschen behandelt, muss er mit ihnen neu erfinden, was es in ihrem Leben denn sonst noch so geben könnte. Er sagt ganz deutlich: Was früher Drogen- oder Alkoholsucht war, ist heute bei einer speziellen Klientel die Computersucht. Und die steht oft für eine Leere im sozialen Leben. Das heißt: Diese jungen Menschen, meist übrigens junge Männer, haben es in ihrer Jugend nicht geschafft, sich ein sinnerfülltes Leben aufzubauen. Sie haben kaum Freunde, wenig Anregungen erlebt und nur eine vage Idee, was sie beruflich später machen könnten.

Smartphones machen nicht dumm – sie machen schlau

Für Aufregung gesorgt hatte in den letzten Jahren das Buch »Digitale Demenz« des Hirnforschers Manfred Spitzer, mit dem er die digitale Welt verdammt und Eltern eine gehörige Portion Angst einjagt. Spitzer suggeriert, dass die Beschäftigung mit Computerspielen die Kinder dumm werden lässt und sie nachhaltig schädigt. Das lässt sich nach Ansicht des renommierten Bremer Hirnforschers Gerhard Roth so nicht aufrechterhalten. Roth hält die Angst vor Computerspielen für übertrieben und sieht sie in einer langen Reihe von Bedenken, die Eltern immer bei technischen Neuerungen hatten und haben. Aus Sicht des Hirnforschers bewirkt der Umgang mit digitalen Medien keine Schädigungen oder Veränderungen in der Gehirnstruktur.

Gerhard Roth beschäftigt sich seit Jahrzehnten mit dem, was in unserem Gehirn passiert. Seit den 1970er Jahren forscht der Professor zusammen mit seiner Frau an der Universität Bremen. Lange, so berichtet er, wurde die Hirnforschung gar nicht ernst genommen. Sie stand in Konkurrenz zur Psychologie, die sich dagegen wehrte, menschliches Verhalten schlicht auf neuronale Verknüpfungen und die chemische Ausstattung eines Gehirns zurückzuführen. Mittlerweile haben sich die beiden Disziplinen angenähert und profitieren voneinander.

Die neuen Erkenntnisse in der Hirnforschung sind spektakulär. Verantwortlich dafür sind bildgebende Verfahren wie MRT und CT, die erstmals exakte Bilder des Gehirns ermöglichen. Das kann sich jeder zum Beispiel in Hamburg einmal im Jahr bei der Nacht der Wissenschaften anschauen. Dann legen sich Studenten in die Röhre und lösen Rechenaufgaben. Währenddessen sieht man genau, in welcher Region das Gehirn aktiv ist.

Gerhard Roth hat lange an der Universität Bremen die Hirnforschung geleitet. Mittlerweile ist der 75-Jährige offiziell im Ruhestand und hat sich mit einer Unternehmensberatung selbstständig gemacht. Sein Steckenpferd ist ein verbesserter Schulunterricht, der den Ergebnissen der Hirnforschung Rechnung trägt. Gemeinsam mit Schulen hat er Konzepte entwickelt und favorisiert den Projektunterricht, bei dem sich die Kinder fächerübergreifend Themenschwerpunkten widmen. Da heißt es dann zum Oberthema industrielle Revolution in Physik: »Wie funktioniert die Dampfmaschine?«, während in Geschichte die Weberaufstände in Großbritannien durchgenommen werden.

Die ersten Rückmeldungen aus den Schulen sind positiv. Die Kinder sind motivierter, weil sie an einem Thema dranbleiben. Und die Lehrer schätzen den Austausch mit den Fachkollegen.

Auch die klassische Schulstunde von 45 Minuten sieht Gerhard Roth kritisch – Untersuchungen haben gezeigt, dass Doppelstunden eine Vertiefung des Lernstoffs ermöglichen. Ungünstig scheint auch der frühe Beginn des Schulunterrichts um 8 Uhr zu sein, der vor allem die Pubertierenden plagt. Heute weiß man, dass sich das Gehirn während der Pubertät massiv verändert und die Jugendlichen deshalb abends lange wach sind und morgens nicht aus dem Bett kommen.

Der Vater von drei erwachsenen Kindern und der mehrfache Großvater hat Erfahrung mit dem Thema der neuen Medien und digitalen Technik – und sieht die Debatte um die Computerspiele sehr gelassen. »Es gibt nicht den geringsten wissenschaftlich nachvollziehbaren Hinweis und auch keinerlei empirische oder experimentelle Beweise dafür, dass die Kinder durch den Einsatz digitaler Medien in der Schule verdummen«, sagt er. »Eher ist das Gegenteil der Fall.«

Die Angst vor den Tablets ist jedenfalls nach allem, was man weiß, überzogen. Medienpädagogen berichten, dass die Kinder deutlich motivierter lernen, wenn sie mit neuen Medien arbeiten dürfen. Dazu gehören Tablets, aber auch Smartboards und klassische Computer. Die Jugendlichen schätzen an den digitalen Medien im Unterricht vor allem die Vielfalt der Gestaltungsmöglichkeiten, die automatischen Korrekturfunktionen und den Wegfall des mühsamen Schreibens per Hand.

Jugendliche zwischen 14 und 17 halten die Schulen längst noch nicht für digital gerüstet. Das ist das Ergebnis der SINUS-Jugendstudie von 2016. Sie beschäftigt vor allem, welche Geräte in der Schule wo und wann verboten sind und was aus Sicht der Lehrer im Internet alles gefährlich ist. Ein Tag ohne Smartphone ist für die Jugendlichen schwer zu ertragen. Dennoch akzeptieren sie, dass private digitale Geräte während des Unterrichts – eigentlich – verboten sind und bei Zuwiderhandlung bis zum Unterrichtsende eingezogen werden.

Dass die digitalen Fähigkeiten in der Schule keine besonders große Rolle spielen, erkennt man daran, dass der Umgang mit Software (MS Office, Grafikprogramme, Programmiersprachen) von Jugendlichen als nicht besonders relevant angesehen wird. Programmieren findet – wenn überhaupt – im Informatikunterricht oder in der Computer-AG statt, wird aber längst nicht flächendeckend angeboten. Zwar wird im Unterricht mit digitalen Medien gearbeitet, allerdings nur phasenweise und fächerspezifisch. »Computer« ist meist ein Extra-Fach. Der Umgang mit digitalen Medien wird nicht fächerunabhängig integriert und thematisiert. Computerräume dienen vor allem zur Vorbereitung von Referaten oder zum Schreiben von Bewerbungen.

Smartboards werden inzwischen als normale schulische Ausstattung eingeordnet und haben sich als Tafelersatz etabliert. Ansonsten aber sind die Jugendlichen zu Hause meist besser mit digitaler Technik ausgestattet als in der Schule. Die schulischen Computerräume werden zudem als chronisch überlastet und zu reglementiert wahrgenommen. Die Bildungsministerin der Großen Koalition, Wanka, sorgte 2016 für viel Aufregung, als sie den Schulen ein milliardenschweres Digital-Paket versprach. Es befeuerte die Debatte um Sinn und Unsinn der Tablets in der Schule und zeigte, wie gespalten das Land ist. Kurz vor den Bundestagswahlen zeigte sich, dass Wanka für ihr Milliardenpaket noch kein Go des Finanzministers Schäuble hatte. Die digitale Revolution der Schulen muss warten.

Die Kids selbst wissen allerdings schon längst, was sie wollen. Jugendliche wünschen sich laut Jugendstudie einen weniger gefahrenzentrierten Unterricht, der die Chancen von digitalen Medien aufzeigt und konkrete Kriterien vermittelt. Die Schüler würden beispielsweise gerne lernen, wie man das Internet benutzt, worauf man achten muss und wie man sich schützt. Lehrer werden vorrangig als Mahner wahrgenommen, nicht jedoch als hilfreiche Experten. Welchen Seiten im Internet man trauen kann und welchen nicht, wissen die Lehrer nach Ansicht der Jugendlichen auch nicht.

Halten wir also fest: Die Angst der Erwachsenen, dass die digitalen Medien den Kindern irgendwie schaden könnten, zeigt sich auch in dem zögerlichen Verhalten der Lehrer. Oft genannt werden die Klischees, dass die Kinder die Kulturtechniken wie Lesen und Schreiben verlernen, wenn zu viel auf digitale Medien gesetzt wird. Dabei stimmt es definitiv nicht, dass die Kinder durch die Beschäftigung mit Computern weniger lesen. Das bestätigt auch der Bundesverband Alphabetisierung und Grundbildung.

Zudem werden unsere Kinder keineswegs immer dümmer. Ganz im Gegenteil – die Menschen werden immer schlauer. Der Intelligenzquotient steigt stetig an, was Wissenschaftler der Universität Wien in jahrelanger Forschung bestätigen können. Das führt zu interessanten Verschiebungen. Ein Deutscher, der vor 100 Jahren als hochbegabt galt, wäre heute nur noch Durchschnitt. Dabei spielt vieles eine Rolle: Vor allem die gestiegenen Bildungschancen, aber auch eine hochwertige Ernährung und eine bessere medizinische Versorgung.

Einer der wichtigsten Faktoren dieses sogenannten Flynn-Effekts aber ist: Die Intelligenz in einer Gesellschaft steigt, wenn diese von der Gesellschaft gebraucht und belohnt wird. Menschen schauen Fertigkeiten voneinander ab, lernen voneinander, wachsen an Vorbildern. Was der eine kann, ist dem anderen womöglich auch nützlich und wird kopiert. Dank digitaler Medien sind die Möglichkeiten dieses Selbstverstärkungseffekts heute größer denn je.

Diese Entwicklung beschreibt wunderbar der französische Philosoph Michel Serres in seinem 2012 erschienenen Essay über die »Däumlinge«. Er meinte damit seine Enkel, die mit ihren Daumen ihr Smartphone so schnell bearbeiten, wie er es als 88 Jahre alter Mann nicht mehr kann. Serres bewundert seine Enkel für ihre Fertigkeiten und vergleicht ihre Art, an Wissen heranzugehen, mit der Geschichte des Heiligen St. Dionysius von Paris, der – geköpft von den Gegnern der Missionierung – mit seinem Kopf unterm Arm die letzten Schritte zur Pariser Kirche Montmartre ging.

»Seinen Kopf unterm Arm tragen«, diese Redewendung ist von dieser Geschichte abgeleitet. Michel Serres schreibt nun, dass seine Enkel ihren Laptop oder ihr iPad wie einen Kopf unterm Arm tragen. Was er damit meint: Das Wissen ist jederzeit zugänglich. Die Schüler brauchen heute nicht mehr den Lehrer, der ihnen im Klassenzimmer dozierend die Welt erklärt. Sie können sie sich selbst erschließen, mithilfe des Internets. Die Schule hat jetzt vielmehr die Aufgabe, den Schülern zu zeigen, wie sie an das Wissen herankommen können.

Machen Smartphones also dumm? »Natürlich nicht«, sagt deshalb auch Gerhard Roth, was so viel heißen soll wie: Es liegt an den Erwachsenen, den Eltern und Lehrern, die das Kind erziehen. »Es kommt ganz auf die frühe emotionale Förderung des Kindes in der Familie an.« Lange Beobachtungen zeigen, dass Eltern, die ihr Kleinkind allein vor den Fernseher setzen oder ihm ein Tablet in die Hand drücken, sich gleichzeitig emotional sehr wenig um ihr Kind kümmern.

Und da sind wir wieder bei den Kritikern der Computernutzung. Natürlich soll ein Kind nicht den ganzen Tag vor dem Computer sitzen, so wie es auch früher nicht den ganzen Tag fernsehen gucken sollte. Natürlich müssen Eltern auch weiterhin ihren Kindern die Welt, wie sie wirklich ist, draußen vor der Haustür zeigen. Natürlich ersetzt die virtuelle Welt nicht das gemeinsame Spielen, Sport treiben, Verreisen und Freunde sehen. Aber genau in diesem Sinne haben Eltern heute die Verantwortung, das, was ihr Kind am Computer erlebt, mit ihm zusammen einzuordnen und auch mal gemeinsam Spaß zu haben.

Verwahrlosung – sagt der Jugendpsychiater Michael Schulte-Markwort – hat es auch in den »glorreichen« 1970er Jahren gegeben, die die Eltern der Digital Natives so hochhalten und als Epoche der freien, glücklichen Kindheit verklären: Das lange Herumstromern draußen, das Unbeobachtet-Sein, das Auf-sich-gestellt-Sein in Schule und Freizeit war seiner Ansicht nach oft auch eine Erziehung am Rande der sozialen Verwahrlosung. Es gibt genug Beispiele junger Menschen, die damals abgestürzt sind.

Warum halten viele der heute 50-Jährigen ihre Kindheit für so viel glücklicher als die ihrer Kinder? Es hat sicherlich etwas damit zu tun, dass Kinder heute länger zur Schule gehen, dass ihre Nachmittage deutlich vollgepackter sind und dass es in den Großstädten keinen Platz zum Herumstromern gibt. Trotzdem wirken viele dieser melancholischen Erinnerungen an die eigenen jugendlichen Streifzüge manchmal übertrieben verklärt. Und sie sind für die junge Generation auch eine Bürde. Denn was ist das für ein Signal? Bestenfalls, dass das eigene Leben vergleichsweise anstrengend und es höchste Zeit zum Chillen ist. Im ungünstigen Fall haben die Digital Natives das Gefühl, in der falschen Zeit zu leben.

Das wäre schade, denn die digitalen Medien sind vor allem

das, als was sie der Göttinger Neurobiologe Gerald Hüther bezeichnet – ein fantastisches Werkzeug. Wie früher Hammer, Meißel oder Rechenschieber bietet uns jetzt die Digitalisierung Möglichkeiten, von denen die Menschen vor ein paar Jahren nur geträumt haben.

Ein Blick in die digitale Zukunft – Dominik, 21 Jahre

Als Dominik seine eigene Wohnung bekam, sagte sein Vater, um seine Wehmut zu überspielen: »Na, endlich. Wurde auch Zeit, dass du ausziehst. Jetzt kann ich mir endlich einen VR-Room einrichten.«

Im Moment lag Dominik auf dem Sofa, das er aus dem Sperrmüll des Nachbarn gezogen hatte, und sah auf die Lindenblätter, die sich vor seinem Fenster im Sommerwind bewegten, jedes sah anders aus, und doch waren insgesamt alle gleich – ein kompliziertes Zusammenspiel mehrerer Faktoren, das er hätte berechnen können, wenn es ihm wichtig genug gewesen wäre. Aber es sah einfach nur schön aus, und das reichte ihm gerade völlig. Er spürte, dass es ihm womöglich den Rest des Tages reichen würde. Er musste nirgendwo anders sein als hier. Dominik hatte sich nicht in der Uni eingeschrieben, denn alles, was er erreichen wollte, hatte er schon im Kopf. Er musste es nur durchdenken, und dafür brauchte er keine überfüllten Hörsäle und keinen Bachelor und kein schlechtes veganes Mensa-Essen.

Von wegen, dachte er: Zeit, dass ich endlich ausziehe. Im Grunde kam es ihm vor, als wäre er schon lange und nicht erst vor drei Monaten bei seinen Eltern ausgezogen: Wenn er ehrlich war, hatte er seit Jahren im Netz gelebt. Da, wo seine Freunde waren und alles, was ihn interessierte, alles, was er sehen, hören und lesen wollte.

Tatsächlich bekam er von seinen Eltern mehr mit, seit er nicht mehr bei ihnen im Haus wohnte: Er sah sich an, was sie in ihren Retro-Netzwerken trieben, er amüsierte sich über ihre altbackenen Instagram-Hashtags und stellte fest, dass es ihm mehr Freude machte, auf Facebook die Fotos zu kommentieren, die seine Mutter von ihrem Sonntagsbraten postete, als im echten Leben am Tisch vor diesem Braten zu sitzen und ihn womöglich essen zu müssen. Seit er von zu Hause weg war, fühlte er sich seinen Eltern näher als früher, als nur eine Wand und eine Tür sie voneinander getrennt hatten.

Überhaupt hatte sich etwas verändert. Er rieb sich mit den Handballen die Augen, weil die Lindensonne ihn blendete, und ihm fiel auf, dass er sich früher bei solchen Bewegungen mitunter das Fon ins Gesicht gehauen hatte. Einfach, weil es immer in seiner Hand war. Jetzt lag es so weit unter dem Sofa, dass es ihm zu viel Mühe war, danach zu angeln.

Resten – also das, was er gerade tat – erforderte seiner Ansicht nach Hingabe, Drive und Durchhaltevermögen. Konzentration. Da störte das Fon nur. Chillen hätte es seine Mutter genannt oder, noch schlimmer, Chillaxen, sein Vater. Aber Resten war etwas anderes, das verstanden sie nicht: Ruhen, Rasten, einfach da sein und das tun, was keine künstliche Intelligenz je können würde: ziellos denken und dabei Probleme lösen.

Er hatte gerade zwei Probleme. Das zweite Problem hieß Stella. Sie war zwei Jahre älter als er und wie er halbwegs suchender Single, das erkannte er an der Rahmenfarbe ihres CrossNet-Profilbildes. Aber Stella lenkte ihn ab vom ersten Problem, dem er sich eigentlich widmen wollte. Dominik arbeitete (und wie er fand durchaus auch in diesem Moment) an einer App. Oder einer Plattform. Oder einer App-basierten Plattform, da war er sich nicht ganz sicher.

Sein Ding war, dass er faul war. Er mochte das Wort faul, weil es so einfach war, aber dahinter steckte etwas Komplizierteres: Er wollte auf jeden Fall vermeiden, dass er je in seinem Leben mehr arbeiten würde, als er unbedingt musste. Er wollte auf keinen Fall mehr Geld verdienen, als er brauchte, denn Konsum hielt er für verachtenswert. Die Gefahr, zu viel Geld zu verdienen, bestand, darüber war er sich im Klaren, bei seiner jetzigen Tätigkeit nicht. Er war Netzwerkadministrator für ein paar mittelständische Betriebe. Das war super entspannt und mit dem, was er in der Schule in Informatikprojekten gelernt hatte, leicht zu bewältigen. Außerdem wollte er auf keinen Fall mehr arbeiten, als er unbedingt musste, weil sonst möglicherweise die Arbeit seine hang-time beschneiden würde.

Da es fast allen, die er kannte, genauso ging, dachte er über diese App nach: Mit einem umfangreichen individuellen Fragebogen und Datenerhebungen über die Ausgaben der letzten Monate würde die App feststellen, wie viel Geld man wirklich brauchte, um seine Bedürfnisse zu erfüllen – dynamisch anpassbar je nach Veränderung der Lebenslage. Zugleich würde einem der Algorithmus ausrechnen, wie viel genau man dafür arbeiten musste, um exakt diesen Betrag pro Woche oder pro Monat zu erreichen. Und weil er sich das Ganze als Plattform vorstellte, müsste es ein Netzwerk geben, in dem einem dann auch genau diese Jobs angeboten würden, Projekte im IT- oder Kreativbereich oder wo man sonst sehr gezielt arbeiten konnte, etwa in der Pflege oder im Servicesektor.

»Rstr« fand er einen guten Namen. Die weggelassenen Vokale erinnerten so schön an die Nuller- oder Zehner-Jahre. Dieser Nostalgiekram war jetzt angesagt. Und dann diese Doppelbedeutung aus »to rest«, sich ausruhen, und eben dem »Rest« – heute beginnt der Rest deines Lebens und so weiter.

Dann merkte er, wie wieder Problem eins dazukam, weil er sich bei dem Gedanken ertappte: Was wohl Stella dazu sagen würde? Stella war ihm jetzt schon ein paar Mal aufgefallen, sie gehörte zu diesen typischen Freundinnen von Freundinnen, von denen man im CrossNet, wo sich alle sozialen Netzwerke überschnitten, irgendwann so viele hatte. Stella schob sich immer wieder in sein Blickfeld: Hin und wieder gefiel ihr eins seiner Live-VR-Videos vom Hackysacken im Park, obwohl sie ihn gar nicht kannte und er sie auch nicht. Oder sie fügte etwas zu seinem Augmented-Reality-Walk entlang des Kanals hinzu, eine seltsame gespenstische Fassaden-Animation für das stillgelegte Heizkraftwerk. Daran merkte er, dass sie sich für die gleichen Sachen begeisterte wie er: die feinen, düster-komischen Federzeichnungen von Edward Gorey, Industrieruinen und lange Spaziergänge.

Aber er hatte ein bisschen Privacy-Panic. Es wäre creepy, wenn er jetzt anfangen würde, ihre 3-D-Druckvorlagen für unheimliche viktorianische Fassadenfiguren zu kommentieren, oder? Dabei hatte er ein paar ihrer Gargoyles ausgedruckt im Regal stehen, sie waren wirklich gut. Und wäre er nicht völlig der Stalker, wenn er anfangen würde, ihre »Young Werther, Vampire Hunter«-Fanfiction zu kommentieren?

Andererseits machte sie nichts anderes bei ihm. Aber vielleicht bei Dutzenden anderen auch. Um herauszufinden, ob sie sich für ihn interessierte, müsste er gezielt ihr CrossNet-Profil auswerten. Das war zwar technisch einfach, aber … dann wäre er wirklich ein Stalker. Fand er. Außerdem, dachte er, ist es immer noch etwas anderes, ob man freundlich gestalkt wird oder ob man selber stalkt.

So ein Dreck. Warum war es so schwierig? Warum war er

kein Typ für ganz normale Single-Plattformen? Warum wollte er, dass sich das irgendwie von selbst oder durch Zufall ergab, wie ein Trottel aus einer alten RomCom aus dem späten 20. Jahrhundert?

Sein Fon schob sich unter *heavy vibrations* ein Stück unter dem Sofa vor. Da musste etwas Besonderes passiert sein. Tatsächlich. Er seufzte sarkastisch. Sein Vater hatte eine SMS geschickt, die wurden eigentlich nur noch für Notfälle oder Pranks verwendet, aber sein Vater beharrte darauf. Ob er Sonntag zum Essen käme, Mama würde Braten machen, Tofu.

Na gut. Und wo er das Fon gerade in der Hand hatte, ging er ins CrossNet, fand Stella und schrieb ihr eine Q-Message. Manchmal war es besser, nicht so viel nachzudenken. Und eine Q-Message war perfekt: Weil die Server quantencomputergestützt waren, wusste man nicht, ob die Nachricht wirklich ankam oder in einem parallelen Nirwana landete. Das war das perfekte Medium, um zu ignorieren, was man ignorieren wollte. Stella musste also nicht reagieren, wenn sie sich belästigt fühlen sollte. Und falls sie nicht reagierte, konnte er sich mit dem Gedanken trösten, dass seine Q-M mit 50-prozentiger Chance vielleicht gar nicht bei ihr angekommen war.

Ich hab eine Idee, schrieb er. Dann richtete er sich auf dem Sofa auf, weil es ein unangenehmes Gefühl war, mit Herzklopfen zu liegen.

Ich auch, schrieb Stella. In dem Moment, wo die Empfängerin geantwortet hatte, schob der Server sie auf eine konventionelle digitale Verbindung, die stabil war.

Du zuerst, schrieb er.

Sehr witzig. Du hast angefangen.

Es geht um eine App-Idee, von der ich jemandem erzählen will.

Ach. Eine App. Da ist meine Idee aber besser.

Dominik runzelte die Stirn.

Du kennst meine Idee doch noch gar nicht.

Du meine auch nicht.

Na gut. Was ist deine?

Kaffee, schrieb sie.

Und er musste zugeben, dass sie recht hatte: Ihre Idee war erstmal wirklich besser.   TR

2. Netzwelten – Wie unsere Kinder leben werden

Wenn es einen Zukunftsmythos des 20. Jahrhunderts gab, dann war es der der unbegrenzten technischen Möglichkeiten. Bahnbrechende Technologien sollten die Welt voranbringen. In den 1960ern prophezeiten die Experten, im Jahr 2000 würden uns Heerscharen von Robotern zu Diensten sein. Dazu ist es bisher nicht gekommen, und auch die Prognosen des papierlosen Büros und der menschenleeren Fabrik haben sich nicht bewahrheitet. Viele Eltern meinen, dass ihre Kinder in zehn Jahren mit VR-Brille durch die Straßen streifen, im Büro eine Horde von Robotern dirigieren, ihre Türen mit einem implantierten Mikrochip öffnen und in selbstfahrenden Autos unterwegs sein werden.

Es schwirren eine Menge Horrorvisionen umher. Überaus plastisch ist das in der Sciencefiction-Komödie *Her* geraten, in der sich ein weiblicher »Siri«, gesprochen von Scarlet Johansson, in einen Liebesbrief-Schreiber verknallt und mit ihm eine Beziehung eingeht. Am Ende des Films verlässt sie ihn, weil er ihr zu langweilig geworden ist. Zu menschlich eben. Sie ist zu anderen Sphären unterwegs, gemeinsam mit anderen Siris. Zurück bleibt ein Liebesbrief-Schreiber mit einem gebrochenen Herzen.

Zumindest einige beängstigende Zukunftsvisionen lassen sich widerlegen, etwa die, dass der Computer schlauer als der Mensch wird und uns dann Roboter beherrschen werden.

Siri und ich – Warum der Computer den Menschen nie ersetzen wird

Im Computerspielemuseum in Berlin liegt sie vor einem – die ganze Computergeschichte der letzten fünfzig Jahre. Das Museum ermöglicht einem ein Eintauchen in die eigene digitale Geschichte: Da gibt es einen klotzigen grauen Atari, der für viele der erste Computer war, auf dem sie ihre Diplom- oder Hausarbeiten geschrieben haben. Außerdem steht da ein Commodore 64, der weltweit meistverkaufte Heimcomputer. Er wirkt wie ein Relikt aus der Steinzeit im Vergleich zu PlayStation und X-Box. Für viele Kinder in den 1980ern war er ein heiß ersehntes Weihnachtsgeschenk.

Im Computerspielemuseum lässt sich aber natürlich nicht nur Hardware bestaunen, sondern man kann auch Software ausprobieren, beispielsweise das erste psychologische Computerprogramm »Eliza«. Eliza war der erste Software-Therapeut. Das Programm sollte die von Carl Rogers entwickelte Therapie des aktiven Zuhörens praktizieren. Eliza ist immer verständnisvoll, hört aufmerksam zu und antwortet freundlich und zugewandt. Probieren Sie es aus! Eliza gibt es immer noch im Internet, und Sie können ihr viele Fragen stellen. Eliza wurde 1966 vom Informatiker Joseph Weizenbaum entwickelt und gilt als Prototyp der künstlichen Intelligenz. Die richtige Therapeuten-Attitüde hat sie zumindest schon mal drauf: Sie antwortet auf eine Frage immer mit einer gefühlvollen Gegenfrage. Hier ein Beispiel:

Eliza: Hallo, ich bin Eliza, dein Psychiater. Was ist dein Problem?

Mensch: Ich habe kein Problem.

Eliza: Du hast also kein Problem.

Mensch: Jedenfalls kein großes Problem.

Eliza: Erzähl mir mehr.

Mensch: Ich muss rausfinden, wie ich zur Konferenz komme.

Eliza: Warum meinst du, du musst herausfinden, wie du zur Konferenz kommst?

Mensch: Weil ich mich angemeldet habe und teilnehmen möchte.

Eliza: Was schlägst du vor?

Mensch: Ich gehe zum Bahnhof.

Eliza: Reist du gerne mit dem Zug?

Man merkt es schon bei diesem kurzen Beispiel: Eliza erkennt Schlüsselworte, zum Beispiel Bahnhof, Problem, Konferenz, und hat für jedes Schlüsselwort eine Liste komplett vorformulierter Antwortmöglichkeiten, von denen zufällig eine ausgewählt wird. Wenn Eliza kein Wort erkennt, wird zufällig ein Standardsatz ausgewählt: »Fahre bitte fort!« oder »Was schlägst du vor?«.

Das menschliche Gehirn ist viel komplexer: Während Eliza ein Wort immer auswertet, wenn es auftaucht, erkennen Menschen, wo es wesentlich ist. Eliza kann sich kein ganzes Gespräch merken, Menschen schon. Eliza kann keine Zwischentöne erkennen, Menschen können auch Ungesagtes aus dem Kontext entnehmen. Eliza versteht alles wörtlich, Menschen erkennen Ironie und Witz.

Der Name Eliza kommt von der gleichnamigen Hauptrolle in G. B. Shaws »Pygmalion«, die ihren Wortschatz im Sprachunterricht verbesserte. Eliza war das erste Programm, das zeigen sollte, wie ähnlich ein Computer einem Menschen werden kann. Es hat danach eine Menge anderer Programme gegeben, die die emotionale Kompetenz eines Menschen nachgeahmt haben. Bisher konnte keines von ihnen Eliza übertrumpfen, die als einzige auch den sogenannten Turing-Test bestanden hat. Bei dem Test unterhalten sich Menschen abwechselnd mit einem Computer und einem Menschen, wobei sie das jeweilige Gegenüber nicht sehen können. Danach müssen sie entscheiden, mit wem sie gerade gesprochen haben. Aus Elizas Antworten schlossen einige der Testpersonen, dass sie ein Mensch ist.

Um zu verstehen, was ein Computer können muss, um in etwa so zu denken wie ein Mensch, muss man erst einmal das Konzept der »Künstlichen Intelligenz« nachvollziehen. Unter einer Künstlichen Intelligenz (KI) versteht man eine von Menschen konstruierte Maschine oder ein Computerprogramm, das scheinbar intelligente Denkleistungen vollbringt. Als Teilgebiet der Informatik ist es die Lehre von intelligenten, lernfähigen künstlichen Systemen.

Erste spektakuläre Erfolge erzielten in den 1990er Jahren Computer, die bei Spielen wie Schach oder Dame die versiertesten Großmeister schlugen. So gewann 1994 das Programm Chinook gegen den mehrfachen Weltmeister Marion Tinsley, der noch heute als bester Dame-Spieler aller Zeiten gilt. Beim Schach bezwang der IBM-Supercomputer Deep Blue 1997 den damaligen Schachweltmeister Garri Kasparow.

Die Strategie hinter beiden Triumphen war simpel: Die Programme konnten auf Datenbanken zurückgreifen, die eine unfassbare Zahl von Spielzügen und -stellungen enthielten. Das Dame-Programm Chinook umfasste 444 Milliarden mögliche Varianten. Und eine enorme Rechenleistung versetzte Deep Blue in die Lage, pro Sekunde bis zu 200 Millionen Stellungen zu berechnen.

Lernfähig und damit intelligent jedoch war diese Computergeneration noch nicht. Sie schaffte es lediglich, so etwas wie kreative Intelligenz vorzugaukeln, indem sie dank beträchtlicher Rechen- und Speicherkapazitäten stupide alle möglichen Spielzüge durchprobierte beziehungsweise mit einer zuvor abgespeicherten Datenbank abglich.

Anders ist das bei der neuesten Generation von Rechnerprogrammen: Sie basiert auf neuronalen Netzwerken. So nennen Fachleute Software-Architekturen, die an die Funktionsweise des menschlichen Gehirns angelehnt sind. Solche Systeme zeigen in den letzten Jahren beeindruckende Erfolge: So konnte das von Google entwickelte Programm »AlphaGo« 2016 den weltbesten Go-Spieler Lee Sedol bezwingen, indem es raffinierte Methoden des maschinellen Lernens nutzte.

Das bedeutet jedoch nicht, dass die Informatiker heute auch nur ansatzweise in der Lage sind, das menschliche Gehirn nachzubauen – auch wenn uns das manche Science-Fiction-Filme vorgaukeln wollen. Der Grund: Das Gehirn ist unvorstellbar komplex. Selbst die Hirnforscher wissen noch nicht, wie Intelligenz und Kreativität in unseren Köpfen funktionieren.

Zwar verzeichnen Teilbereiche der Medizin große Erfolge, etwa das Cochlea-Implantat für Gehörlose. Es bildet eine direkte Schnittstelle zum Nervensystem des Menschen. Der große Wurf jedoch ist trotz aller Utopien bislang ausgeblieben: So hatte 2002 der Intelligenzforscher Rodny Brooks für das Jahr 2020 ein Retina-Implantat prognostiziert, das dem normalen Sehen überlegen ist und das Gehirn direkt mit dem Internet verbinden könnte. Das klingt derzeit eher wie schlechte Science-Fiction – genauso wie die Vorstellung des amerikanischen Computerexperten und Futurologen Ray Kurzweil, dass der menschliche Geist durch die Implantation von Siliziumchips ins Gehirn unsterblich werden könnte. Kurzweil wartet ungeduldig auf diesen sogenannten Upload, bei dem das Gehirn zu einem Computer umgewandelt wird.

In der Zwischenzeit nimmt der exzentrische Forscher 250 Nahrungsmittelzusätze in Pillenform am Tag zu sich und erhält ein halbes Dutzend Infusionen pro Woche, um die Erschaffung der Künstlichen Intelligenz noch zu erleben. Das erinnert doch sehr an den Roman *Null K* des amerikanischen Schriftstellers Don DeLillo. Die Geschichte spielt in einem Labor für Kryonik, in dem Menschen getötet und eingefroren werden, um an einem Tag X in der Zukunft aufgeweckt und von ihren Gebrechen geheilt zu werden.

Diese doch sehr gruseligen und überspitzten Geschichten zeigen aber, dass unsere Kinder in keiner sehr viel anderen Welt leben werden, als wir sie kennen. Klar, es wird Serviceroboter geben, die unseren Fußboden staubsaugen und im Pflegeheim das Essen austeilen. Der Arzt wird auf riesige Datenbanken zurückgreifen können, mithilfe derer er die Symptome des Patienten abgleichen kann. Und sicher wird es auch selbstfahrende Taxis und Lkw geben oder Drohnen, die Pakete ausliefern. Aber Roboter, die wie ein Mensch agieren und handeln, sind bis auf Weiteres utopisch und gehören ins Reich der Fantasy-Romane. Forscher bringen es auf diese Formel: Der Mensch macht weiterhin die kreative Arbeit, der Computer erleichtert die lästigen Dinge des Alltags.

Maschinendämmerung – Welche Jobs unsere Kinder bald machen werden

Die zweite Angst, die mit der digitalen Zukunft verbunden ist, heißt: Der Roboter wird unsere Kinder am Arbeitsplatz verdrängen. Selbstfahrende Autos, Paketlieferung mit Drohnen, Pflegeroboter, Produkte aus dem 3-D-Drucker – all diese Innovationen setzen sich für uns zu einem Bild der Zukunft zusammen, das nur einen Schluss zulässt: Der Roboter übernimmt die Arbeitswelt. Die verfügbaren Jobs schwinden. Wir sind zum Zuschauen verdammt.

Umso erstaunlicher ist, dass Forscher beschwören, dass es nicht so kommen wird. Uns wird die Arbeit nicht ausgehen. Erwerbsarbeit bleibt für die Menschen so entscheidend wie bisher. Die Wissenschaftler toppen diese Erkenntnis sogar noch: Das sogenannte Humankapital wird immer wichtiger. Das bedeutet, dass genau die Qualitäten, die Algorithmen nicht haben, nämlich Kreativität und analytischer Einfallsreichtum, weiterhin gefragt sein werden.

Was heißt das konkret? Ersetzen werden Roboter in Zukunft genau die Beschäftigten, die auch bisher schon technologischen Revolutionen und vor allem der Globalisierung zum Opfer gefallen sind: die gering Qualifizierten und die, die monotone Tätigkeiten ausüben. Allerdings sind die Zahlen längst nicht so dramatisch, wie viele befürchten: 14 Prozent der Arbeitsplätze in Deutschland sind betroffen, in den USA sind es etwas mehr. Die Vergangenheit hat gezeigt, dass in den Ländern, in denen besonders viel rationalisiert wurde, besonders viele Arbeitsplätze in anderen Bereichen entstanden sind. So wiesen nach dem Zweiten Weltkrieg gerade jene Länder einen besonders hohen Beschäftigungsgrad auf, die am stärksten auf Robotik und automatisierte Produktion gesetzt hatten: Deutschland, Japan und die USA.

Riesige Veränderungen aber sind durch die zunehmende Digitalisierung nicht zu erwarten. Die größten Produktivitätsschübe wurden etwa durch das Auto und die Waschmaschine ausgelöst. Die technologischen Revolutionen, die wir mit dem Smartphone, dem Internet, E-Mails et cetera verbinden, haben der Wirtschaft bislang keine vergleichbaren Veränderungen gebracht. Das ist kein Wunder, schließlich reicht die Geschichte der Kommunikationstechnik schon einige Jahrzehnte zurück. Erfunden wurde das Internet bereits 1969. Handys gibt es seit den 1990er Jahren, und Computer stehen ebenfalls seit Langem in Büros und Haushalten. Die Aufstiegsgeschichte des Smart-phones ist die jüngste, sie begann Ende der 2000er Jahre. Die eigentliche Revolution in der Kommunikation war das Telefon: 1962 besaßen nur 14 Prozent der deutschen Haushalte ein Telefon. 1982 waren es schon 88 Prozent.

Die Arbeitsplätze, die wegfallen werden, sind die, die sich in den letzten 30 Jahren auch schon in andere Länder auslagern ließen. Das ist der bekannte Effekt der Globalisierung: Der Rationalisierungsschub in Deutschland begann – ausgelöst durch Vollbeschäftigung und steigende Lohnkosten – bereits in den 1950er und 1960er Jahren. Seit den 1970ern verschärfte er sich weiter, als sich Welthandel und Kapitalströme immer rasanter globalisierten und große Unternehmen in anderen, preiswerteren Ländern produzierten. Schon damals erhöhte sich die Arbeitsproduktivität enorm. Der Anteil der Facharbeiter wuchs, der an Un- und Angelernten schrumpfte kontinuierlich.

Einige eiserne Regeln der Nachkriegsarbeitswelt gerieten mehr und mehr ins Wanken: Der Acht-Stunden-Tag, die Trennung von Arbeit und Freizeit, der sichere Arbeitsplatz und die Work-Life-Balance, bei der der Lebensmittelpunkt in Richtung Freizeit verschoben wird. All dies hat sich nach dem Jahr 2000 mehr oder weniger aufgelöst.

Das, was wir heute als Digitalisierung verstehen, begann in den 1970er Jahren. Zu den wichtigsten Elementen der digitalen Revolution gehören die immer größeren Speicher-, Informations- und Rechenkapazitäten, anfangs durch externe Rechenzentren, dann über eigene Server. Ganze Berufsgruppen verschwanden, darunter die Schriftsetzer. Auch die Berufsgruppe der Dreher geriet durch CNC-gesteuerte Werkzeugmaschinen unter Druck.

Diese erste digitale Revolution wird aber nicht nur negativ gesehen: Einige Berufsfelder konnten dadurch vielfältiger und spannender werden. Aus klassischen Zerspannungsmechanikern wurden halbe Programmierer, der Kfz-Mechaniker mauserte sich zum Mechatroniker und bekam – wie viele Fachkräfte im Handwerk – digitale Aufgaben dazu.

Allein zwischen 1998 und 2001, also innerhalb von drei Jahren, wuchs die Zahl der Beschäftigten im IT-Bereich um 15 Prozent. Damals wurde die IT-Branche wegen ihres coolen Images auch zum Leitsektor für andere Arbeitsbereiche. Teamarbeit, Projektorientierung, flache Hierarchien und eine hohe Motivation der Mitarbeiter galten plötzlich für viele Unternehmen als zukunftsweisend und machten den Weg frei für den fließenden Übergang zwischen Arbeits- und Privatsphäre. Parallel dazu gab es bereits damals eine heftige Debatte über den Preis des Fortschritts, die sich aber vor allem in den Medien abspielte. Zwar gab es vereinzelt Computerverweigerer. Die meisten Bürger jedoch schätzten die neuen Möglichkeiten, und Computerspiele wurden zu einem der beliebtesten Weihnachtsgeschenke.

Warum ist diese Debatte in den letzten Jahren plötzlich mit neuer Leidenschaft aufgeflammt? Das liegt an den erweiterten Speicher- und Rechenmöglichkeiten durch eine neue Generation von Algorithmen. Dies führt zu einem Schub der Rationalisierung, vor allem von einfachen, immer wiederkehrenden Vorgängen. Das Neue daran: Diesmal trifft es Arbeitsbereiche, die jeder von uns kennt. Es ist nicht auf die Produktion von Waren beschränkt. Gefährdet sind auch Bürotätigkeiten etwa bei Banken, Versicherungen und Verwaltungen.

Das merken wir bereits jetzt: Der Chef schreibt seine E-Mails selbst, für die Termine braucht er keine Sekretärin mehr. Versicherungen lassen sich längst online abschließen, also ohne lästige Vertreterbesuche. Und dank zeitsparendem und praktischem Online-Banking haben manche von uns seit Jahren keine Bankfiliale mehr von innen gesehen. Bald werden auch Putzkräfte den Einfluss der saugenden Roboter in den Privathaushalten spüren und in einigen Jahren vielleicht die Pflegekräfte den Pflegeroboter oder die Lkw-Fahrer die selbstfahrenden Transportwagen. Das wird zwar unser Bild vom Alltag verändern, die Arbeitswelt revolutionieren wird es jedoch nicht.

Von vielen unbemerkt sind durch die Digitalisierung und deren Bedürfnisse neue boomende Arbeitsfelder entstanden. Da wären zum einen die Menschen zu nennen, die im IT-Bereich arbeiten – Mathematiker, Physiker, Informatiker, Ingenieure. Ihre Jobs gelten als lukrativ und krisensicher. Es ist aber auch zu einem weiteren Boom gekommen, den Forscher etwas erstaunt registrieren: zu einem Aufschwung im sogenannten kreativen Bereich. Hiermit sind all die Grafiker, Journalisten, Texter, Webdesigner und Social-Media-Worker gemeint, die den ganzen Tag am Computer sitzen und fürs Internet schreiben oder mit neuen digitalen Tools Bilder, Töne und Texte produzieren.

Forscher fassen sie unter dem Begriff Kreativgesellschaft zusammen. Negativ sind sie auch als »Generation Praktikum« bekanntgeworden. Sie verdienen deutlich weniger als die IT-ler, oft müssen sie sich mit durchschnittlich 1.800 Euro brutto begnügen. In Großstädten mit hohen Mieten ist das ein überaus mageres Salär. Dafür zeigen sie in Umfragen eine hohe Zufriedenheit mit ihrem Beruf.

Bei Ingenieuren und Projektentwicklern ist eine ähnliche Entwicklung zu beobachten wie im kreativen Bereich, allerdings bei höheren Gehältern. Auch sie werden projektbezogen, für eine gewisse Zeit, in Unternehmen eingesetzt. Solange sie noch jung sind, genießen viele Arbeitnehmer diese Freiheit und die immer neuen Impulse. Beginnt die Familienphase, macht sich diese Berufsgruppe zumeist auf die Suche nach einem sicheren Arbeitsplatz.

In der Literatur ist noch nicht geklärt, ob die neuen Arbeitsbedingungen wirklich das Aus des Vollzeitjobs bringen. Klar ist, dass sich der Wechsel zu einem unbefristeten Arbeitsplatz durch die Reformen der Agenda 2010 nach hinten geschoben hat. Im Gegenzug sind noch nie so viele Menschen in Arbeit gewesen wie in diesem Jahrzehnt. Auch die Frauen haben enorm profitiert. Ihre Arbeitsquote ist so hoch wie nie. Allerdings betrifft das sowohl die Abteilungsleiterin im IT-Bereich als auch die Kassiererin an der Kasse. Über die Höhe des Gehaltes sagen solche Statistiken wenig bis gar nichts aus.

Nur wenige Entwicklungen auf dem Arbeitsmarkt lassen sich direkt auf die Digitalisierung zurückführen. Die meisten sind durch die Globalisierung der Weltökonomie und Reformen des deutschen Arbeitsmarktes entstanden. Ein Phänomen allerdings ist direkt mit der digitalen Welt verbunden: Es ist die sogenannte Plattform-Ökonomie, verkörpert zum Beispiel von Airbnb, Helpling oder Uber. Da kann jemand, der in Hamburg eine nette Wohnung besitzt, sie über Airbnb vermieten und sich damit ein schönes Zubrot verdienen. Oder ein Taxifahrer, der einen Wagen zur Verfügung hat, stellt ihn bei Uber ein. Die selbstständige Reinigungskraft wird über Helpling vermarktet.

Die Plattform ist also einfach ein Online-Unternehmen, das sogenannte Solo-Selbstständige verwaltet. Der Vorteil für den Kunden: Es ist flexibler und preiswerter. Der Staat geht allerdings bisher leer aus, weshalb immer mehr Rufe laut werden, Steuern zu erheben. Auch für die Arbeitnehmer ist dieser Deal eine sehr unsichere Sache. Viele sind nicht versichert und haben keine Altersvorsorge. Sie fallen aus allen Rastern heraus. Gewerkschaften vertreten sie nicht. Bisher ist unklar, welches Ausmaß diese Solo-Selbstständigkeiten annehmen und wie die Politik auf dieses Phänomen reagieren wird.

Und was weiter überrascht: Gefragt sind seit einigen Jahren nicht nur Forscher und Wissenschaftler aus dem naturwissen-

schaftlichen, sondern auch aus dem sozial- und gesellschafts-
wissenschaftlichen Bereich. Ein weiterer Boom, der sich aus der
Überalterung unserer Gesellschaft ergibt, existiert im Gesundheitswesen. Auch dort sind neue Berufsgruppen entstanden.

In den folgenden Berufen sind in den letzten Jahren die
meisten zusätzlichen Arbeitsplätze entstanden: IT-ler, Mathe-
matiker, Informatiker, Ingenieure, Webdesigner, Journalisten,
Erzieher, Ärzte, Lehrer, Unternehmensberater und Therapeuten.
Die Bereiche, in denen die Wirtschaft auch in Zukunft verstärkt
Arbeitskräfte brauchen wird, sind nach den Erkenntnissen des
Bonner Forschungsinstituts zur Zukunft der Arbeit (IZA):

Forschung und Entwicklung,

Bildung,

Unternehmensleitung und -beratung,

Marketing,

Medien und IT,

Gesundheit, Pflege, Therapie,

Wellness, Tourismus, Gastronomie,

Dienstleistungen für private Haushalte, Lieferdienste,

individuelle Handwerksprodukte.

Damit verstärkt sich der Trend der Wissensgesellschaft beziehungsweise der Humanwirtschaft, der schon seit den 1960er
Jahren zu beobachten ist: Immer mehr Güter wurden weltweit
hergestellt. Um diese zu vertreiben und zu vermarkten, waren
immer mehr Menschen in kommunikativen Bereichen tätig,
etwa im Marketing, Vertrieb und anderen Büroarbeiten – all
dies zählt zur Wissensgesellschaft. Hinzu kamen Berufe wie Un-
ternehmens- und Politikberater, aber auch all jene, die die sozialen Bewegungen im und außerhalb des Netzes mit Informationen füttern und ihre politischen Bewegungen mitorganisieren.

Seit den 1960er Jahren beobachten wir einen gesellschaftlichen Wandel, der immer weitere Kreise der Gesellschaft erfasst. Immer mehr Menschen beteiligen sich an kulturellen Prozessen, an Themen, an Diskussionen, an Veränderungen. Negativ fällt das durch die Debatte um Lügenpresse und Hass-Postings auf, positiv durch immer mehr Möglichkeiten, um an Informationen zu kommen oder sich an politischen Debatten zu beteiligen.

Ein Ende der Arbeit ist also nicht in Sicht, auch wenn dies immer wieder prognostiziert wird. Bereits Anfang des 19. Jahrhunderts sorgten sich englische Textilarbeiter um ihren Arbeitsplatz und zerstörten ihre Maschinen. In den 1930er Jahren warnte der Ökonom John Maynard Keynes vor einer »technologischen Arbeitslosigkeit«. Und in den 1990ern malte der Wirtschaftswissenschaftler Jeremy Rifkin mit dem *Ende der Arbeit* ein technologisches Menetekel an die Wand – ohne dass sich dies in der Folge bewahrheitet hätte. Vor allem die Deutschen gelten weiter als Arbeitstiere und geben in aktuellen Umfragen an, wie wichtig für sie ihre Arbeit ist. Nicht allein um ihren Lebensunterhalt zu bestreiten, sondern auch als sinnstiftende Tätigkeit und Lebensinhalt.

Was allerdings unbestritten ist: Die Art der Arbeit wird sich weiter verändern. Der »9–17 Uhr«-Job gehört immer mehr der Vergangenheit an. Die Stempelkarte ist ein Begriff, den man Digital Natives erklären muss. Immer mehr Menschen arbeiten flexibel – zu Zeiten, die in ihren Alltag passen, und an Orten, an denen sie sich gerade befinden. Das Smartphone garantiert die Erreichbarkeit und das Notebook die Verfügbarkeit der notwendigen E-Mails und Daten. Entsprechend stellen sich die Forscher unseren Arbeitsplatz in zehn Jahren vor wie in dem Film *Das Praktikum*, der die Arbeitsweise des Google-Konzerns beschreibt.

Das Fraunhofer-Institut für Arbeitswirtschaft und Organisation in Stuttgart hat das »Büro der Zukunft« schon mal aufgebaut. Pro Stockwerk gibt es einen großen Raum mit Sofas, Schreibtischen und Sitzgruppen. Jeder Mitarbeiter entscheidet jeden Tag neu, wo er sitzen will. Jeder sucht sich den Ort, an dem er am besten arbeiten kann.

Weil wir in Zukunft – zumindest im kreativen Bereich – mobil arbeiten können, gibt es Sitzgruppen, Tische Besprechungsmuscheln und -räume. Denn auch das hat die Forschung ergeben: Home-Office an jedem Tag der Woche, ohne Kontakt zu den Kollegen, kann nicht das Ziel sein. Das Motto lautet: Je digitaler die Menschen werden, desto wichtiger ist der Austausch. Das Büro wird also auch in Zukunft der Kernarbeitsplatz sein. Ein Arbeitsplatz, der so gut zu einem passen soll wie möglich. Schon jetzt gibt es Menschen, die über Fitness-Armbänder ihre Gesundheitsdaten speichern. In Zukunft könnten Büro-Armbänder die relevanten Informationen übertragen. Wie warm hätte ich es gerne in meinem Raum? Welche Mahlzeiten mag ich am liebsten? Wie oft muss ich meine Gymnastik machen, um keine Rückenschmerzen zu bekommen? Das Ziel ist die Arbeitsfähigkeit und die Identifikation mit dem Unternehmen. Kurz: Man soll sich an seinem Arbeitsplatz so wohl wie möglich fühlen.

In diesem Setting wird der klassische Chef bald der Vergangenheit angehören. Hierarchien, bei denen einer bestimmt, was die anderen machen, galten seit dem Soziologen Max Weber als das Mittel der Wahl, um große Verwaltungseinheiten in den Griff zu bekommen. Das ist in der Arbeitswelt von heute verpönt. Statt »top-down« denken jetzt alle in Netzwerken. Und das braucht keine Befehle von oben nach unten, sondern Inseln – also Projekte, in denen es Teamleiter gibt, die aber auf Augenhöhe mit ihren Mitarbeitern kommunizieren. Das ist in vielen Unternehmen bereits Alltag und dürfte sich weiter verstärken.

Modellhaft passiert das derzeit schon in IT-Unternehmen. Auf dem deutschen Arbeitsmarkt sind hochqualifizierte Programmierer eine Mangelware. Deutsche Unternehmen müssen daher qualifizierte Arbeitskräfte mittlerweile in aller Welt anwerben. Und das hat seinen Preis: 60.000 bis 100.000 Euro sind die jährlichen Bruttoeinstiegsgehälter, gerne auch mal bis zu 160.000 Euro für einen Spezialisten. Klar, dass sich diese Arbeitnehmer nicht viel von einem Chef sagen lassen. Sie arbeiten in Teams und wählen ihren Abteilungsleiter selbst.

Die Teams werden für jedes Projekt neu zusammengestellt. Die Mitarbeiter arbeiten höchst flexibel und schätzen das. Keiner ist älter als 40. Es gibt sogar Start-up-Unternehmen, in denen die Beschäftigten per geheimer Wahl ihre Chefs wählen. So etwas wie einen Personalrat haben solche Firmen in aller Regel nicht, was ein echtes Problem für die betriebliche Mitbestimmung ist. Nur noch jeder fünfte Arbeitnehmer ist heute bundesweit in einer Gewerkschaft, Rentner eingeschlossen.

Für die Gewerkschaften wird es immer schwerer, jüngeren Arbeitnehmern den Nutzen einer Mitgliedschaft deutlich zu machen. Wer Arbeitslohn und Arbeitszeit individuell vereinbart, braucht keinen Personalrat. Wenn dann auch noch der Arbeitsort variabel ist, bleibt wenig Verhandlungsmasse. Allerdings warnen die Gewerkschaften davor, sie nur als Schönwetter-Organisationen zu sehen. Gerade die Start-ups in der Finanzbranche hätten nach der großen Krise nach den Gewerkschaften geschrien und plötzlich auch Betriebsräte zugelassen, um die Sozialpläne abzuwickeln. In der Not sind also auch wieder die Gewerkschaften gefragt.

Trotzdem müssen sie ohne Frage neue Organisationsmöglichkeiten entwickeln. Ähnlich wie bei den Volksparteien haben sich die alten Rekrutierungs- und Verhandlungsformen schlicht überlebt. Das fängt schon bei den Mitgliedertreffen an.

Kein 30-Jähriger hat heute Lust, seine Abende in irgendwelchen Kneipen zu verbringen, um stundenlang eine Tagesordnung abzuarbeiten, wenn das alles auch zwischendurch per WhatsApp, Skype oder E-Mail zu erledigen ist.

Tatsächlich arbeiten die Digital Natives ganz anders als die Digital Dinosaurier. Die Generation Y (geboren zwischen 1980 bis 1990) orientiert sich stärker an Kooperation als an Konkurrenz, sie löst komplexe Probleme flexibel und schnell wie nie zuvor – gemeinsam. Die wachsende Bedeutung der sozialen Netzwerke begünstigt diese Arbeitsweise. Früher musste man viel Basiswissen beherrschen, heute müssen Mitarbeiter wissen, wo sie die Informationen im Netz finden. Auf digitalen Plattformen und Foren vernetzt zu sein und zu jedem Problem den geeigneten Experten aktivieren zu können führt zu schnellen und kreativen Lösungen.

Die Idee von flexiblen Netzwerken zum besseren Informationsaustausch ist übrigens nicht neu. Schon 1973 schrieb Mark Granovetter in seinem Klassiker *The Strengths of Weak Ties* (Die Stärke der losen Verbindungen), dass gerade die losen Bekanntschaften für beruflichen Erfolg entscheidend sind: Denn die wichtigsten engen Freunde und die Familie kommen aus einem ähnlichen beruflichen und privaten Umfeld. Dagegen verfügen alle Facebook-Freunde oder Twitter-Follower in der Summe über eine Vielfalt von neuen und damit vorteilhaften Informationen. Im Privaten hilft das beispielsweise sehr, wenn man für einen Auslandsaufenthalt eine Wohnung in einer fremden Stadt sucht. Aber auch im Beruflichen kann das nützlich sein. Wer sich also früh in virtuellen Teams übt, dem wird es später leichter fallen, auch so zu arbeiten.

Das allerdings sind genau die Eigenschaften, die viele Eltern an ihren Heranwachsenden nerven. Sie sind permanent online, 24 Stunden am Tag vernetzt und kennen viele Gleichaltrige in unterschiedlichen sozialen Netzwerken. Sie haben nicht nur eine Handvoll Freunde, sondern über Facebook gleich mehrere hundert. Und sie machen nie nur eine Sache, sondern sind stets auf mehreren Plattformen unterwegs. Multitasking ist für sie kein Fremdwort. Das kollidiert mit den Glaubenssätzen ihrer Eltern: »Immer nur eine Sache auf einmal, sonst verzettelst du dich!«, »Musik hören und dabei lernen, das geht doch nicht!« Es geht – und fördert ganz offenbar wichtige Skills, um in der digitalen Berufswelt zurechtzukommen.

Auch in ihrem Lebensgefühl sind die Jugendgenerationen unserer Kinder ganz anders als die der Babyboomer und der nachfolgenden Elterngeneration. Die Jugendlichen und jungen Erwachsenen sind zwar digital unterwegs und nutzen alle Möglichkeiten der modernen Kommunikationswelt, insgeheim möchten sie aber ein ganz stinknormales Familienleben führen. Das zeigen alle Jugendstudien der letzten Jahre.

Die Generationen Y und Z – Wie sie sich ihr Leben vorstellen

» Und am Ende der Straße steht ein Haus am See.
Orangenbaumblätter liegen auf dem Weg
Ich hab 20 Kinder, meine Frau ist schön
Hmm, alle kommen vorbei, ich brauch nie rauszugehen … «

Der Song »Haus am See« von Peter Fox erzählt von einem Leben, das die Babyboomer-Generation noch als spießig bezeichnet hätte. Kinder, Haus, Garten, sicherer Job. Für Stephan Grünewald vom Rheingold-Institut in Köln ist dieses Lied so etwas wie die Lebenshymne der Generation Y und der darauffolgenden

Generation Z – also all der jungen Menschen, die jetzt zwischen 14 und 30 Jahre alt sind. Er bezeichnet die Generation Y wenig liebevoll als Biedermeier-Generation. Die nachfolgende Jugendlichen-Generation Z hält Grünewald sogar für noch konservativer: »Die Familie wird idealisiert als ein Bollwerk der Stabilität. Wenn man junge Leute nach ihrer Zukunftsvorstellung fragt, kommt fast stereotyp immer die Beschreibung: Ja, einen netten und treuen Partner, eine Eigentumswohnung oder ein kleines Haus mit Garten.«

Oder sogar einen Schrebergarten. Früher einmal Inbegriff der Spießigkeit ist er jetzt für junge Leute eine hippe Chill-out-Zone. Für ihre Eltern wäre diese Vision in jungen Jahren eine Horrorvorstellung gewesen. Bei ihnen ging es vor allem darum, aus dem Elternhaus auszuziehen und die Welt zu entdecken. Das war noch bis weit in die 1980er Jahre der Fall.

Der Song von Peter Fox beschreibt einen Zustand, in dem der Weg bereits zu Ende gegangen ist, wo man nicht mehr aufbrechen muss, sondern schon angekommen ist, im Schoß der Familie. Mit dem Lebensgefühl der urdeutschen Jugend, der Generation der 1968er, hat das überhaupt nichts mehr zu tun. Während die 68er das Gefühl hatten, in einer engen, borniertenWelt zu leben, aus der sie ausbrechen wollten, wollen die Jugendlichen heute in der Familie bleiben. Sie haben das Gefühl, in einer beängstigend komplexen Welt zu leben. Dadurch entsteht eine ganz andere Sehnsucht – die nach Sicherheit und Stabilität.

Hinzu kommt, dass die Jugendlichen durch Patchwork- und Trennungsfamilien viel mehr Unsicherheit und Wechsel erleben. Deshalb verwundert es nicht, dass bei jüngsten Befragungen eine Mehrheit angab, am liebsten Beamte werden zu wollen. Denn dieser Jugend kommt die globalisierte Welt gefühlt viel näher als früheren Generationen. Und die sozialen Netzwerke fordern ein aufregendes, einmaliges Leben, das man seinen Freunden präsentieren muss, nach Feierabend zumindest.

Die heutige Jugend ist angepasst – das meint auch der Bildungsforscher Klaus Hurrelmann. Allerdings kommt er in seinem Buch »Die heimlichen Revolutionäre – wie die Generation Y unsere Welt verändert« zu einem sehr viel positiveren Bild dieser Entwicklung: »Sie sind angepasst, aber das ist ihr Vorteil.« Er attestiert ihnen jede Menge gesellschaftspolitisches Veränderungspotenzial. Er glaubt, dass diese Generation Bildungswesen und Berufsleben ganz nebenbei umkrempelt. Hurrelmann hält die jungen Menschen für sozial kompetent, kompetenter als alle Generationen vorher.

Das bestätigt die Erfahrungen der Experten: Sozial sind die Jungen, die gerade ins Berufsleben starten, aber auch die, die noch die Schulbank drücken, sehr gut gerüstet für die digitale Welt. Sie beherrschen Teamwork und Gruppenarbeit und üben schon in der Schule die Work-Life-Balance. Außerdem sind sie sehr bildungsorientiert: Jeder Zweite hat oder macht Abitur. So viele Abiturienten hatten wir in Deutschland noch nie. Jetzt fehlen nur noch die digitalen Kompetenzen. Damit allerdings hapert es noch.

■ ■ ■ ■

Die Biedermeier-Generation

Kira und Markus, Laura und Luise (Namen geändert) sind Vertreter der Generation Z. Sie sind zwischen 18 und 20 Jahre alt und haben gerade das Abitur in der Tasche.

Laura hat ihr Abitur an einem klassischen altsprachlichen Gymnasium in München gemacht. Nach dem Abitur will sie erst mal zwei Jahre als Skilehrerin in den Bergen in Österreich arbeiten, zusammen mit ihrem Freund. Seit sie klein ist, liebt sie die Natur. Jahrelang besaß sie ein Pferd und half in den Ferien auf einem Reiterhof aus.

Laura: »Ich möchte irgendwann in den Bergen leben, weit weg von der Großstadt. In einem eigenen Haus, mit einem Partner und Kindern. Ich glaube, das geht allen in unserer Generation so. Wir träumen von einer verlässlichen Partnerschaft, von Kindern, einem Haus, Hund und Garten.«

Luise ist ein Großstadtkind. Sie will auf jeden Fall in Hamburg bleiben. Seit sie 14 ist, hat sie einen festen Freund und will mit ihm auch zusammenziehen. Nach dem Abitur will sie erstmal ein Jahr chillen und dann eine Ausbildung in einem Verlag machen.

Luise: »Ich hoffe, dass ich in fünf Jahren eine feste Anstellung habe, einen Partner, mit dem ich mir etwas Langjähriges vorstellen kann, und dass ich in Hamburg bleiben kann. Ich liebe das Leben hier.«

Kira und Markus sind seit einem Jahr ein Paar. Sie wollen das Jahr nach dem Abitur jobben und dann gemeinsam zum Studium nach Freiburg gehen. Sicherheit ist für Kira ein großes Thema: »Ich glaube, viele aus unserer Generation denken: Ja, wir wollen einen Job, ein Haus, eine glückliche Familie. Das ist in der heutigen Welt so, dass man nach dem bisschen Sicherheit greift. Man denkt, das kann ich erreichen, und dann will ich das auch haben. Das ist auch ein Versuch, glücklich zu sein.«

Die Zukunftsvorstellungen des jungen Paares sind schon sehr konkret:

Kira: »Ich würde sehr gerne Journalistin werden. Und Markus möchte Lehrer werden. In unserer Idealvorstellung haben wir dann mit Ende 20 oder Anfang 30 schon Kinder.«

Kira und Markus wollen früher Kinder bekommen als

ihre Eltern. Die haben im Studium noch viele andere Sachen gemacht und sich dann zunächst um die Karriere gekümmert. Das Ziel von Kira und Markus ist ein anderes: eine Familie gründen und sich viel Zeit für den Nachwuchs nehmen. Die Karriere steht hinten an.

■
■
■
■ ■ ■ ■

Ähnlich selbstbewusst treten – nicht immer zur Freude der Personalchefs – die jungen Berufsanfänger bei Bewerbungsgesprächen auf. Sie fordern wie selbstverständlich den Feierabend um 17 Uhr und die verbindlichen Home-Office-Tage. Solche Forderungen können sie bisher allerdings nur im IT-Business oder in Ingenieurberufen stellen – in Bereichen also, in denen hochspezialisierte Mitarbeiter gesucht werden. Dagegen sind in den Start-up-Unternehmen der kreativen Branche 60-Stunden-Wochen und magere Verdienste immer noch an der Tagesordnung.

Trotzdem stellt Rheingold-Gründer Stephan Grünewald einen grundsätzlichen Wertewandel fest. »Dieser Maximierungskultur, höher, schneller, weiter, wollen diese Kinder nicht mehr folgen. Sie sagen: Mir ist wichtig, dass ich Zeiten habe, wo ich chillen kann. Man opfert nicht mehr alles dem Weiterkommen oder der Karriere.« Vor allem jene Kinder, deren Väter kaum zu Hause waren und nur die Arbeit im Kopf hatten, wollen so ein Arbeitsleben nicht.

Doch bei allen Träumen von einem anderen Arbeitsalltag gilt nach wir vor: Wenn das erste Kind kommt, arbeiten die Frauen in Teilzeit und die Männer machen Überstunden. Viel Revolutionäres ist in der »Retraditionalisierung« der Geschlechterrollen also nicht zu erkennen, wie dieser Trend in der Fachsprache heißt.

Das unerwünschte Gegenmodell zu ihrem klassischen Mittelschichts-Familienidyll haben die Jugendlichen auch schon entdeckt: der Hartz-IV-Empfänger. So wollen sie auf keinen Fall werden. Und das machen sie auch deutlich: Bei den Abiturfeiern der letzten Jahrgänge gab es an vielen Gymnasien sogenannte Motto-Tage, an denen die Jugendlichen verkleidet in die Schule kamen. Ein beliebtes Motto war der Asi, Abkürzung für Asozialer, vulgo: Proll. Dann stopft sich das Mädchen ein Kissen unter das T-Shirt, raucht und schminkt sich grell und symbolisiert dadurch eine frühschwangere Hartz-IV-Empfängerin. Die Jungs markieren in Tennissocken, kurzer Hose und Bierflasche in der Hand den männlichen Gegenpart.

Was diese Bilder zeigen: Diese Generation glaubt, dass jeder selbst seines Glückes Schmied ist. Wer Hartz IV beantragt, ist in ihren Augen gescheitert. Darin spiegelt sich auch die Individualisierung unserer Gesellschaft wieder. Immer weniger junge Erwachsene meinen, dass Politik wirklich etwas verändern kann und dass gesellschaftspolitische Solidarität wichtig ist. Die Jugendstudie der Friedrich-Ebert-Stiftung (FES) stellt fest, dass nur drei Prozent aller Studierenden überhaupt Mitglied einer Partei sind. Dabei sind die Jugendlichen nicht unengagiert. Jeder Vierte übernimmt ein Amt in einem Sportverein, jeder dritte junge Mensch ist in einer Kirche oder Moschee aktiv, singt im Chor oder spielt Theater.

Engagiert ist diese Generation also in vielfältiger Weise. Sie glaubt nur nicht an die traditionellen Wege. Deshalb ist es auch kein Wunder, dass das Vertrauen in den Staat nachlässt. Dabei hat die FES-Studie festgestellt, dass sich junge Menschen oftmals gar kein Urteil über Politik zutrauen. Politisch engagiert sind offenbar nur die Jugendlichen, bei denen politische Themen am Familientisch diskutiert werden. Den Großteil der jungen Menschen erreichen die Themen jedoch nicht. Diese Generation steht morgens auf, checkt Facebook, WhatsApp und den

YouTube-Kanal, geht vielleicht noch mal auf Spiegel Online. Das war's.

Die klassische Tageszeitung liest diese Klientel nicht mehr, und auch die Tagesschau hat sie nicht auf dem Schirm. Das führt oft zu einer arroganten Wertung der Babyboomer: »Die Generation ist unpolitisch, sie interessiert sich nicht für die wichtigen Themen.« Doch so stimmt das nicht: Die jungen Leute haben ihre eigenen Themen, die aber nun mal nicht auf den klassischen Kanälen stattfinden.

Die Jungen von heute sind in der Minderheit. Wahlentscheidende Themen werden immer noch von der Altersgruppe 50plus geprägt. Und schlimmer noch: Die Rentnergeneration bekommt derzeit einen finanziellen Nachschlag nach dem anderen. Kein Wunder, dass sich viele junge Menschen von diesen politischen Themen nicht angesprochen fühlen. Und die Wahlforschung zeigt: Immer mehr junge Menschen unter 30 gehen auch schon gar nicht mehr an die Urne. Das gilt vor allem für die ohne Ausbildung und Job. Sie haben resigniert. Und fühlen sich abgehängt.

Das Miteinander der Generationen – so zugewandt es im Familienalltag auch ist – driftet bei der Nutzung der digitalen Welt und im gesellschaftspolitischen Leben auseinander. Hinzu kommt, dass die junge Generation finanziell betrachtet unter deutlich schlechteren Bedingungen startet als ihre Eltern. Wenn die heute 30-Jährigen im Berufsalltag stehen, können sie mit ihren Rentenbeiträgen auf ein Ruhegeld von vielleicht 400 Euro hoffen, während ihre bald 70-jährigen Eltern überspitzt gesagt eine Kreuzfahrt nach der anderen buchen und von ihrer Rente ein luxuriöses Leben führen. Wer heute vor Altersarmut warnt, spricht von einer deutlich geringeren Rate als in den kommenden Jahrzehnten: Von den Babyboomern werden nur 4 bis 5 Prozent keine ausreichende Rente bekommen. Die jetzige Rentengeneration ist die wohlhabendste der Geschichte, die nächste wird auch noch ausgesorgt haben. Aber danach wird es schwierig.

Trotzdem macht die jeweilige Bundesregierung Politik für die größte Wählergruppe – und das ist nun mal nicht die junge Generation. Kein Wunder also, dass sie die großen politischen Themen nicht als die ihren begreift, sondern Themen sucht, die im Internet diskutiert werden: Netzfreiheit, Lohngleichheit, TTIP, Fair Trade, bedingungsloses Grundeinkommen.

Was ist also der Kitt der digitalen Gesellschaft, was hält sie zusammen? Wird die junge Generation in die virtuelle Welt abtauchen, wird sie den Kontakt zur realen Welt verlieren? Die Befunde sind eindeutig. Es ist beileibe nicht so, trotz aller Befürchtungen und Schwarzmalereien. Reale Kontakte werden nicht aufgelöst. Die Familie ist immer noch das Wichtigste, die Nachbarn, die Schulfreunde, der Schwatz mit dem Gemüsehändler, der Sportverein. Trotzdem: Das sichtbare, öffentliche Einbringen in die Gesellschaft nimmt ab – die Abende im Kirchenvorstand, die SPD-Mitgliederversammlung, die Wahl zum Schatzmeister des Sport- und Turnvereins.

Kontakte in sozialen Netzwerken ersetzen mehr und mehr die öffentliche Geselligkeit: Die WhatsApp-Gruppe, die man vom Sofa aus speist, macht den Kneipenabend überflüssig. Das gemeinsame Computerspiel via Skype ersetzt den Besuch beim Klassenkameraden. Und statt am Samstagmorgen in der Innenstadt zu demonstrieren, wird am Rechner ein »Gefällt mir«-Button gedrückt.

Für die Eltern ist diese Art der Kommunikation oft gewöhnungsbedürftig: Wieso sprechen die Mädchen nach der Schule stundenlang Sprachnachrichten auf WhatsApp auf, statt einfach mal anzurufen? Warum liegt bei den Hausaufgaben das Smartphone neben dem Laptop, und außerdem hat das Kind auch noch Kopfhörer auf und hört Musik? An einer Einsicht führt wahrscheinlich kein Weg vorbei: Diese Kinder und Jugendlichen leben online, sie sind online. Ohne Smartphone, ohne Kontakt zu Gleichaltrigen fühlen sie sich abgeschnitten. Wenn das Smartphone morgens auf dem Küchentisch vergessen wird, kann das schon mal zu Entzugserscheinungen führen – ein Gefühl, das auch wir Erwachsenen durchaus kennen.

Allerdings stellt sich die Frage, ob der frühere, nicht-multimediale Zustand so viel besser ist. Psychologen sagen, dass Menschen keine Phasen der Einsamkeit brauchen, zum Beispiel bei längeren Auslandsaufenthalten fern der Heimat, bei denen es in der Vor-Internet-Zeit durchaus üblich war, nur ein- bis zweimal im Monat zu Hause anzurufen. Ob sie unbedingt Langeweile brauchen, ob wir alle tatsächlich mehr Phasen der Achtsamkeit, der Kontemplation und der Ruhe brauchen – da scheiden sich die Geister. Das ist wohl auch eine Frage des Temperaments: Introvertierte Menschen brauchen in dieser hektischen Welt sicherlich mehr Zeit für sich, extrovertierte dürften den ganzen Trubel genießen und sind deshalb auch gerne permanent online.

Es entwickelt sich ein neuer Verhaltens-Knigge, den die Jugendlichen schon leben: Festnetz-Telefon ist out. Einfach spontan anrufen gilt als Störung. Telefonate werden per WhatsApp angekündigt. Permanentes Online-Sein gilt ebenso als asozial, vor allem, wenn andere Jugendliche dabei sind. Etwas anderes ist es, wenn die Jugendlichen zu Hause sind, entweder allein in ihrem Zimmer oder bei ihren Eltern. Dann wollen sie erreichbar sein, akzeptieren aber – wenn auch widerwillig – die Beschränkungen wie: Bei den Mahlzeiten bleiben die Geräte aus!

Wer Angst hat, diese Generation sei sozial isoliert, verkennt ihr Kommunikationsbedürfnis. Sie ist deutlich vernetzter als ihre Eltern oder Großeltern. Online-Beziehungen ergänzen die realen Kontakte. Die Mathe-WhatsApp-Gruppe hilft bei den Hausaufgaben, die Mutter von vier Kindern kann per Facebook Kontakt zu ihren (realen) Freundinnen halten, und Skype ermöglicht den Schwatz zwischen den Familienmitgliedern, auch wenn die Kinder gerade für ein Jahr in Thailand sind oder »Work and Travel« in Neuseeland machen.

Mit dem Internet ist eine Informationsinfrastruktur entstanden, die die Pflege und Aufrechterhaltung sozialer Beziehungen unabhängig von Raum und Zeit ermöglicht. Das wird sich in den kommenden Jahrzehnten noch zuspitzen. Der Pflegeroboter ermöglicht es den Senioren, in ihren vier Wänden zu bleiben. Der Pflegedienst sieht trotzdem morgens und abends nach dem Rechten. Die VR-Brille ermöglicht das Eintauchen in virtuelle Welten. Und in der Arbeitswelt hat in Zukunft keiner mehr einen festen Schreibtisch, sondern sitzt mit dem Laptop auf dem Schoß mal hier und mal dort – je nach Projekt und Kollegen, die ihm zur Seite stehen.

Es ist also nicht das Internet, das den Charakter von Beziehungen verändert – dafür sorgen Globalisierung und Individualisierung. Die Folgen sehen wir schon seit 30 oder 40 Jahren: Die Kinder pflegen nicht mehr die Mutter im eigenen Haushalt, Familie verpflichtet zu nichts mehr, Religion verliert mehr und mehr an Bedeutung.

Jeder ist auf sich selbst gestellt und muss selbst aktiv dafür sorgen, dass er in der jeweiligen Lebenssituation zufrieden ist. Das überfordert manchen. Andere genießen diese Freiheit. Das Resümee: Der gesellschaftliche Zusammenhalt ist nicht schwächer, aber doch spontaner geworden, auf jeden Einzelnen zugeschnitten. Und jeder muss sich Tag für Tag, Jahr für Jahr sein persönliches Lebensglück selbst zusammenstellen. Mit viel persönlichem Einsatz und der täglichen Frage: Was will ich eigentlich?

Kein Wunder, dass die jungen Erwachsenen heute Familie als feste Burg schätzen und anstreben. Sie ist ihr Anker in einer ansonsten unglaublich spannenden, globalen, digitalen und verwirrend komplexen Welt. Leider werden sie auf diese digitale Welt in der Schule nicht ausreichend vorbereitet. Erst zögerlich stellen sich die Lehranstalten auf die notwendigen neuen Skills ein. Das läuft sehr zäh an und wirkt im Vergleich zu anderen Ländern fast stümperhaft.

Schule 4.0 – Wie wir unsere Zukunft retten

Es ist 8 Uhr morgens. Die Kinder der 6a der Braunschweiger Raabeschule packen ihre Tablets aus dem Ranzen. Nicht ein Kind hat seines zu Hause gelassen. »Ich habe mein Heft vergessen« – diese Notlüge kann sich ein Schüler jetzt sparen, denn die Kommunikation der Raabeschule läuft über ein lokales Netzwerk. Schüler und Lehrer können dank der vernetzten IT-Technik auch von zu Hause aus auf ihre Daten zurückgreifen.

Der 13-jährige Axel sieht da vor allem Vorteile: »Wir benutzen unsere Tablets für jeden Unterricht, weil wir zum Beispiel darin schreiben. Und wir können Aufgaben, die wir zu Hause machen, direkt an den Lehrer schicken. Der kann das dann korrigieren und uns zurückschicken und uns zeigen, was wir falsch gemacht haben.«

Die Schule hat sich auf das Tablet-Experiment eingelassen – mit voller Unterstützung des Landes Niedersachsen. Gegenargumente gab es wenige, außer dem finanziellen: Die Schüler müssen die Tablets selbst anschaffen, allerdings können die Eltern einen Zuschuss des Landes beantragen. Für die Schule ist das Ziel, dass das Tablet als Arbeitsmittel im Unterricht genutzt wird, wo es sinnvoll ist. Natürlich gibt es weiterhin Hefte und Bücher.

Experten sehen vor allem drei Vorteile für die Kinder, wenn sie mit Tablets agieren: Erstens sind die Schüler motivierter, denn das Tablet bietet ihnen auch zu Hause viele spannende, spielerische Einblicke. Zweitens lernen sie in der Schule einen deutlich kritischeren Umgang mit Internet-Quellen als zu Hause. Und drittens lernen sie fürs Leben, das heißt für das Studium an der Uni und für den Beruf. Denn dort müssen die jungen Menschen selbstständig auf Quellensuche gehen, in Datenbanken und Bibliotheken im Internet.

Grenzenlos ist der Zugang zum Internet für die Kinder allerdings nicht. Anstößige Seiten sind gesperrt, auch der Zugang zu Quellen ist reduziert. Das führt allerdings teilweise dazu, dass die Schüler in der Schule nicht ausreichend recherchieren können und zu Hause noch einmal ins Internet müssen.

Bitter nötig haben die deutschen Schülerinnen und Schüler die Internetnachhilfe. Die internationale Vergleichsstudie »International Computer und Literacy Study« hat gezeigt, dass unsere Kinder und Jugendlichen nur im Mittelfeld liegen. Getestet wurden Recherche von Informationen und die Fähigkeit, die gefundenen Informationen im Hinblick auf ihre Qualität zu bewerten – also mehr als einfach nur ein Wort zu googeln oder bei Wikipedia nachzuschlagen. Überholt wurden wir von Tschechien, Kanada, Australien, Dänemark, Polen, Norwegen, Südkorea und den Niederlanden.

Was wirklich schockierte: 2013, zum Zeitpunkt der Studie, konnte jeder zweite deutsche Achtklässler keine Internetadresse im Computer eingeben. Die Leiter der Studie warnen deshalb: »Diese Schülergruppe wird es schwer haben, erfolgreich am privaten, beruflichen und gesellschaftlichen Leben im 21. Jahrhundert teilzuhaben.«

Auch Hamburger Schulen haben sogenannte WLAN-Klassen eingerichtet. Hier gibt es allerdings jeweils eine Parallelklasse, in der die Kinder auch in Zukunft ohne digitale Unterstützung lernen. Denn vereinzelt kam es zu Protesten von Eltern. Sie wollten auf keinen Fall, dass ihr Kind im Unterricht am Tablet lernt. Die Gegenargumente sind vielfältig: Tablets anzuschaffen sei zu teuer für die Eltern. Die Kinder würden nicht ausreichend vor schädigenden Inhalten geschützt und außerdem sollen sie nicht in der Schule etwas lernen, was sie zu Hause nicht dürfen.

Der Kompromiss sieht jetzt so aus, dass beides möglich ist. Allerdings sind die WLAN-Klassen bei den Schülern deutlich beliebter. Auch die Lehrerschaft ist in dieser Hinsicht gespalten. Digitaler Unterricht wird nämlich nicht an den Unis gelehrt, was zu der paradoxen Entwicklung führt, dass gerade die jüngeren Kollegen eher gegen die Computer im Klassenzimmer sind. Studien zeigen, dass Deutschland am unteren Ende steht, wenn es darum geht, digitale Techniken in der Bildung einzusetzen. Aber zumindest jetzt starten einige Schulen durch.

Für Jörg Dräger und Ralph Müller-Eiselt kommt das alles viel zu spät. Der frühere Hamburger Wissenschaftssenator Jörg Dräger sitzt bei der Bertelsmann-Stiftung im Vorstand und hat sich in den USA den Umgang mit den digitalen Medien angeschaut. Darüber hat er zusammen mit Ralph Müller-Eiselt das Buch *Die digitale Bildungsrevolution* geschrieben. Beiden Autoren schwebt eine digitale Revolution vor, neben der die Hamburger WLAN-Klassen wie Kinderkram aussehen: »Digitalisierung – und das ist das Entscheidende – versöhnt das bisher Unversöhnliche. Den Bildungszugang für alle mit dem auf jedes individuell abgestimmte Curriculum. Damit kann sie den Gegensatz von Masse und Klasse aufheben.«

Aber wie kann so ein Unterricht der Zukunft aussehen, in dem der Lehrer digital unterstützt wird? In den USA gibt es schon Pilotprojekte. Beispiel Knewton: In einem Manhattaner Loft sitzt Jose Ferreira mit seinem Start-up-Unternehmen und sammelt Tag für Tag Millionen von Daten. Knewton bietet ein Lernprogramm an. Die Software beobachtet und speichert minutiös, wie jemand lernt und wo er noch Lücken hat. Jeden Tag gibt es einen passgenauen Stunden- und Lernplan. Erfolge hat Knewton schon vorzuweisen: In einem Mathe-Hochschulkurs konnte dank des Programms die Abbruchrate um die Hälfte reduziert und die Ergebnisse konnten deutlich verbessert werden.

Ein anderes Beispiel kommt ebenfalls aus New York – die sogenannten New Classrooms. Wie bei einem Ampelsystem leuchten auf Bildschirmen die Namen aller Schüler auf, jeweils in Grün, Orange und Rot. Experten haben von 80.000 Lerneinheiten 10.000 digitalisiert. Jeder neue Stoff kann von jedem Schüler auf unterschiedliche Weise gelernt werden: Live-Unterricht, Gruppenarbeit, Online-Tutor oder per Video. Mit einer kurzen Online-Prüfung, die jeder Schüler täglich am Ende des Unterrichts ablegt, checkt das System, wer noch üben muss und wer nicht. Computer errechnen täglich Stundenpläne, abgestimmt auf die Fähigkeiten der Schüler. Die Lernfortschritte im Fach Mathe haben sich hier deutlich verbessert.

Die beiden Lernbeispiele haben noch das klassische Klassenraum-Modell vor Augen. Andere Online-Lernsysteme gehen davon aus, dass die Schüler nur noch per Computer lernen. Riesenvorteile hat das zum Beispiel für Kontinente wie Afrika, wo Schulen weit weg und Bildung daher schwer zu erreichen ist. Sebastian Thrun, der Gründer der Online-Hochschule »Ubacity«, gilt als Vorreiter. Er wird von Dräger und Müller-Eiselt folgendermaßen zitiert: »Die Demokratisierung des Wissens ist meine Mission. Wer lernen und weiterkommen will, der wird das tun können. Und zwar überall auf der Welt, unabhängig vom Geldbeutel.«

Ubacity, an der der Bertelsmann-Konzern mit einer Mehrheit beteiligt ist, bietet zu unschlagbar niedrigen Kosten zertifizierte Kurse an. Dadurch können auch Studenten, die nicht viel Geld haben, einen Abschluss erreichen. Ein Nadelöhr ist bisher allerdings die Anerkennung der Online-Zertifikate. Hier bastelt ein US-Start-Up an einer Lösung: Ziel ist, dass auch Online-Zertifikate wie staatliche Uni-Abschlüsse akzeptiert werden. In den USA ist das teilweise schon möglich, in Deutschland so bisher noch undenkbar.

Allerdings gibt es auch in Deutschland längst nicht mehr den Einheitsschüler. Die Schulen wollen und müssen individualisierten Unterricht anbieten. Der lange übliche Einheitsbrei führt bei den einen zu Langeweile, bei den anderen zu Überforderung.

Wie in der Arbeitswelt wird dabei auch in der Schule manchmal das Huhn mit dem Ei verwechselt. Zuerst kam der gesellschaftliche Wandel, nicht die Digitalisierung. Seit den 1960er Jahren ist der Schulunterricht immerwährenden Reformen unterworfen. Es ist die Antwort auf die Individualisierung unserer Gesellschaft.

Es gibt diese schöne Geschichte einer Grundschullehrerin, die erzählt: Wenn ich vor zwanzig Jahren vor einer Klasse stand und sagte, nehmt das rote Buch heraus, waren die Bücher einige Sekunden später auf den Tischen. Heute dauert es fünf Minuten, bis wir mit dem Unterricht anfangen können: Die Hälfte hat es nicht dabei, außerdem fragt mindestens einer, warum wir denn das Buch brauchen? Ein anderer will lieber etwas anderes machen. Und der Dritte stellt den gesamten Unterricht infrage.

Das war das Ziel der Erziehung seit den 1970er Jahren: das Kind zum mündigen Bürger zu erziehen, Autoritäten zu hinterfragen.

Außerdem haben viele Eltern nur noch ein Kind und nicht vier und dieses eine wird besonders unterstützt und darf auch gerne Autoritäten wie Lehrer infrage stellen. Auf viel Unterstützung der Eltern können die Lehrer also nicht hoffen. Diese Entwicklung geht so weit, dass Pädagogen der alten antiautoritären 68er-Schule wie der Däne Jesper Juul plötzlich Bücher schreiben, in denen sie Eltern und Lehrer auffordern, sich wieder an autoritäre Strukturen zu erinnern und auch mal durchzugreifen und schlechte Noten zu verteilen beziehungsweise Grenzen zu setzen. *Leitwölfe sein* nennt Jesper Juul das und landete damit einen Bestseller.

Unstrittig ist: Der individualisierte Unterricht stellt die Schulen vor große Herausforderungen. Jeder einzelne Schüler mit all seinen Stärken und Schwächen soll gefördert werden. Das führt zu ganz neuen Unterrichtsmodellen: Der Frontalunterricht wird abgelöst von Gruppenarbeit, die 45-Minuten-Stunde von Doppelstunden, der rasche Wechsel von Fächern durch einen Projektunterricht, in dem ein Thema zeitgleich in drei bis vier Fächern durchgenommen wird. Und es führt zu einer neuen Haltung: der Erziehung auf Augenhöhe. Das wiederum hat den wunderbaren Effekt, dass diese Generation sozial kompatibel und teamfähig ist, zumindest sehr viel teamfähiger als die Generationen zuvor. Das sind unschätzbare Qualifikationen für die Arbeitswelt von morgen.

Ein Blick in die digitale Zukunft –
Friederike, 43 Jahre

Sobald sie den Blick abwandte Richtung Panoramafenster, zu den Feldern, auf denen der Raps blühte, erloschen die Bildschirme in ihrem Praxisraum einer nach dem anderen, eine Kette dunkelblau und friedlich werdender blinder Spiegel am Rande ihres Blickfeldes. Sie stand auf und nahm ihre Arzttasche, ein geerbtes Ledermodell, dessen bloße Anwesenheit diejenigen ihrer Patienten beruhigte, die immer noch meinten, zu einer Landärztin gehöre eine schwarze genoppte Ledertasche mit Messingschließe.

Endlich war der Frühling da. Friederike ließ die Farbe des Rapsfeldes eine Weile auf sich wirken, denn sie wusste: Sobald sie im Auto saß, würde sie die Scheiben mattieren und als Schirme benutzen müssen, um den Praxisbetrieb mit Telediagnosen aufrechtzuerhalten und sich auf den Zustand jener Patienten vorzubereiten, bei denen sie heute Vormittag zwischen Suckow und Ziegendorf den jährlichen Hausbesuch machte. Siebzig, achtzig Kilometer. Doch, das war zu schaffen.

Die Hausbesuche waren im Prinzip reine Placebos – ein bisschen Handauflegen für die Patientenseele. Inhaltlich ließe sich das alles genauso gut von ihren Praxis-Screens erledigen. Aber der Placebo-Effekt war wissenschaftlich nachgewiesen, darauf legte sie Wert. Und wenn sie ehrlich war, mochte sie es, rauszukommen, die Bio-Schweinezucht nebenan zu riechen und durchaus auch die Gülle, die die Agroboter jetzt auf den Feldern und Heuwiesen ausbrachten. »Die gute Landluft«, hatte ihre Mutter früher immer scherzhaft auf dem Weg in den Urlaub gesagt, wenn es auf der Landstraße stank, denn sie kamen aus der Stadt und rochen nur an Balkonblumen. Aber für sie war das eine Einheit geworden und geblieben: Wenn es auf dem Lande stank, war es gut.

Vor dem Tor ihres Resthofes am Rande des Dorfes stand ihr Nachbar Leon. Genau wie sie war er ein Zugezogener aus der Hauptstadt. Aber er war kein Arzt oder Lehrer, also niemand, dem die letzten verbliebenen Dorfbewohner viel Respekt entgegengebracht hätten. Oder er ihnen. Er war ein Managertyp, Ende 40, übertrainiert, rotes Gesicht, gestresst, obwohl er sich mit seinem Start-up extra hierher, in die Natur, zurückgezogen hatte – Work-Life-Balance, alles von zu Hause aus. Was machte er noch mal? Nachrüsten von antiken Möbeln und Küchengeräten mit speziellen Upgrade-Kits, damit sie ins Internet der Dinge passten? So etwas in der Art.

Er beäugte sie misstrauisch und sagte dann ohne Begrüßung: »Der nächste Wagen ist meiner. Den hab ich bestellt.«

Sie zuckte die Achseln, denn das war eine überflüssige Feststellung. Die Wagen öffneten sich sowieso nur mit der Retina-Erkennung dessen, der reserviert hatte. »Guten Morgen«, sagte sie.

Dann hörte sie das künstlich erzeugte elektrische Sirren, mit dem die Selbstfahrer auf sich aufmerksam machten, wenn sie sich näherten. Der Wagen hielt vor ihnen, und beide traten sie gleichzeitig ans Display mit der Retina-Kamera. Die Tür ging auf.

»Das ist dann wohl meiner«, sagte er und drängte sie aus dem Weg. Verblüfft stellte sie fest, dass sie ihn am Arm festhielt. Sie war wütend.

»Sie haben mich eben nicht zur Seite geschoben, oder?«, sagte sie.

Er machte sich frei. »Das ist mein Wagen. Ich hab's wirklich eilig, ich treffe einen wichtigen Großkunden in Tessenow.«

»Das ist mir völlig egal. Ich bin Ärztin. Das ist mein Wagen.«

»Wenn das ein Notfall wäre, hätten Sie einen Autocopter hier.«

»Hausbesuche gehören zu meinem Job.« Mist. Sie hatte sich in die Defensive drängen lassen.

»Geteilte Fahrt«, sagte das Auto und gab ihrer beider Kennung an. »Geteilte Fahrt wegen Systemüberlastung. Wir fahren alle erforderlichen Ziele innerhalb der nächsten 120 Minuten an.«

»120 Minuten?«, schrie Leon. »Ganz bestimmt nicht. Ich nehme jetzt diese Karre, und dann …«

»Override der Shared-Ride-Funktion nur möglich, wenn Passagierin 2 bestätigt«, sagte das Autosystem.

»Sehen Sie«, sagte Leon, »Sie sind Passagierin 2. Ich bin Passagier 1. Also fahre ich auch allein.«

»Override der Shared-Ride-Funktion nur möglich, wenn …«

»Keine Bestätigung«, sagte Friederike. Sie staunte über sich selbst: War es ihr lieber, dass am Ende keiner von ihnen fuhr? Ja, das war besser, als wenn dieser Typ ihr den Wagen wegschnappte.

»Ich bezahl Ihnen das«, sagte Leon, während das Auto seinen freundlichen, mit weichen Gongschlägen begleiteten Abfahrtcountdown begann. »Machen Sie sich einen schönen Tag in Parchim. Hier, 500 Euro.« Er hielt sein Fon hoch. »Das ist sofort in Ihrem Account.«

»Was fällt Ihnen eigentlich …«, fing sie an und ließ ihn los. Sie war verblüfft, für wie arm und käuflich er sie hielt. »Ich werde von der EU bezahlt!«, hörte sie sich sagen.

Er stolperte auf den Wagen zu, aber in dem Moment schloss sich der Einstieg.

»Keine Bestätigung, kein Fahrtantritt. Alternative Anforderung jetzt aktiv. Bitte wenden Sie sich an Ihr Mobility Center.« Dann rollte der leere Wagen an, nahm Fahrt auf und verschwand die Dorfstraße hinunter, wobei Leon ihm ein sehr viel längeres Stück hinterherlief, als Friederike ihm zugetraut hätte. Sie musste lachen.

Als er sich schnaufend zu ihr zurückgekämpft hatte und gerade anheben wollte, fiel sie ihm ins Wort. Sie wusste, dass die Wagen in ihrer dünn besiedelten Region auf Tage im Voraus reserviert waren. »Ich hab da vielleicht eine Idee. Aber dafür müssen Sie nett sein und Geduld haben.«

Er winkte ab, nach Luft schnappend.

»Das können Sie nicht?«

Er wiegte den Kopf, und zum ersten Mal hatte er einen etwas freundlicheren Zug um die blassen Augen. »Ich kann's versuchen. Hilft ja nichts.«

Sie wandte sich zum Hof und ging durch die Einfahrt zur Scheune. Seit Jahren wollte sie nachsehen, was sich hier unter der dunkelgrünen Plane verbarg. Sie schob das Holztor auf, zog die Plane ab und machte zu Leon, der ihr gefolgt war, eine leicht scherzhafte Voilà-Bewegung. Vor ihnen, im schummerigen Licht des kaputten Scheunendachs, stand ein echter Oldtimer, Touran Baujahr 2011, 2012, schätzte sie, braun-metallic, unglaublich, was die Autos damals für Farben gehabt hatten. Sie wusste, dass irgendwo ein Benzinkanister für den antiken Rasenmäher war, den ihr Vater ihr geschenkt hatte. »Man weiß nicht, was für Dinge man im eigenen Hause vorrätig hat«, sagte sie.

»Was?« Leons Augen weiteten sich. »Das Ding wollen Sie fahren? Soll das ein Witz sein?«

»Oder Sie kommen nicht zu Ihrem Kunden«, sagte sie. »Versuchen kann man's doch mal. Ist ja nicht so, dass sonst viel Verkehr auf den Straßen wäre …«

»Oh nein«, sagte Leon, »oh nein. Was für ein Tag.« Dann drehte er den Kopf seltsam nach oben, als suchte er etwas zwischen den Deckenbalken über ihnen, und brach vor ihr zusammen.

Na also, dachte sie. Klar gibt es überall Erste-Hilfe-Drohnen, die einem sofort bringen, was man braucht, aber diese alte Arzttasche ist eben doch nicht nur Show. Da ist etwas drin, um seinen Kreislauf zu stabilisieren, eine Kompresse für seinen Hinterkopf, und ein Blutdruckmessgerät und ein Stethoskop sind auch gut.

Sie horchte ihn ab, nahm seine Werte und gab ihm ein krampflösendes Medikament, nachdem sie durch Abklopfen seines Bauchraumes festgestellt hatte, dass er vor allem eins hatte: Luft im Darm, wegen Stress, sodass das Organ ihm aufs Herz drückte. Weshalb er vermutlich gedacht hatte, einen Herzinfarkt zu bekommen – es fühlte sich so ähnlich an.

Dann deckte sie den Touran wieder zu und reservierte ihnen beiden eine geteilte Fahrt.

»Frühester Fahrtzeitpunkt in 48 Stunden. Bestätigung?«, sagte das System.

»Ach«, sagte sie und betrachtete den Mann, der auf dem Lehmboden ihrer Scheune lag und der zum ersten Mal friedlich aussah, seit sie ihn kannte, »nächste Woche reicht auch.« TR

3. German Angst – Wie viel Zweiter Weltkrieg noch in uns ist

Warum haben wir gleich Angst, wenn unsere Kinder am Computer spielen? Warum fürchten wir, dass sie süchtig werden, uns entgleiten könnten? Ein Blick in die Geschichte hilft, unsere Ängste zu verstehen.

Die Flüchtlingswelle im Sommer 2015 spülte diesen Begriff wieder in die Schlagzeilen: Kriegstrauma. Dass auch unser Land noch von den Folgen des Zweiten Weltkrieges geprägt sein könnte, das ist vielen 70 Jahre nach Kriegsende aus dem Blick geraten. Doch noch immer wird uns zum Beispiel eine gewisse Ängstlichkeit attestiert. Im Ausland hat sich der Begriff »German Angst« eingebürgert. Er steht für unsere Ablehnung der Atomenergie, für das Nein zu griechischen Krediten und vor allem für das Nein zum Irak-Krieg unter dem damaligen Kanzler Gerhard Schröder. Seit einigen Jahren gibt es vermehrt Debatten und auch psychotherapeutische Pfade über sogenannte Kriegskinder oder Kriegsenkel. Das Gefühl der Schuld an den Gräueltaten der Nazi-Zeit hat dazu geführt, dass viele über ihre eigenen traumatischen Erlebnisse geschwiegen haben. Und dies wurde offenbar sehr spät, in Einzelfällen über die Kinder und Enkel, therapeutisch aufgearbeitet.

Den Bogen zum Thema Technikfeindlichkeit kann man hier schlagen über unsere zögerliche Haltung zu allen allzu massiven Eingriffen des Staates, sei es beim Thema Datenschutz, Familienpolitik oder Bio- und Gentechnologie. Bei der Familienpolitik hat uns vor allem die Adenauer-Regierung der 1950er Jahre geprägt, die aus der Abwehr der Erlebnisse der Nazi-Zeit den Einfluss des Staates auf die Erziehung der Kinder komplett zurückdrehen wollte.

»Mach' doch mal das Ding aus« – Warum uns Computerkids nerven

Die Kinder kommen um 12 Uhr nach Hause. Das Mittagessen kocht die Mutter. Nachmittags geht's nach draußen zum Spielen. Um 18 Uhr gibt es Abendessen, danach gemeinsames Fernsehen. In keinem Land hat sich die Halbtagsschule so lange gehalten wie in Deutschland.

Noch vor zehn Jahren waren Kita-Plätze Mangelware, und es konnte passieren, dass Grundschüler vormittags um halb elf wieder vor der Haustür standen, weil die Mathelehrerin krank geworden war. Ein Vollzeit-Job war für Mütter fast ausgeschlossen, und dass Väter zu Hause blieben, war eine eher exotische Erscheinung.

Da hat sich im letzten Jahrzehnt viel getan: Immer noch ist Teilzeit das übliche Beschäftigungsmodell für Mütter. Aber dass Frauen arbeiten, ist mittlerweile selbstverständlich. Die Hausfrau ist das Auslaufmodell, und Väter, die nicht wissen, wie sie ihr Kind trösten können oder Windeln wickeln, sind eher die Ausnahme. Die Ursache liegt in einem familienpolitischen Vorstoß, der in der Schröder-Regierung Ende der 1990er Jahre ihren Anfang nahm (auch wenn der Chef des Familienministeriums es einst als »Gedöns« abgetan hatte). Merkels Familienministerinnen haben die Konzepte, die in der Schublade lagen, hervorgeholt und konsequent umgesetzt: Rechtsanspruch auf einen Kita-Platz, Ausbau der Kita-Plätze, Elterngeld, Elternzeit auch für Väter.

So langsam schließt Deutschland familienpolitisch zu den Nachbarländern auf. Und trotzdem zeigt sich immer noch ein kultureller Unterschied in der Rolle der Mutter und dem Bild, das viele Eltern hierzulande von einer gelungenen Kindheit haben. Sie soll – kurz gesagt – möglichst idyllisch und naturnah sein: PEKiP und Waldkindergarten, Selbstpüriertes statt Gläschen, BRIO-Bahn und Holzspielzeug, selbstgebackener Kuchen anstelle von gekauftem. Stockbrot, Lagerfeuer, Kindergeburtstage im Freien. Und das möglichst bis zur Pubertät.

Viele verklären ihre eigene Kindheit: Es hört sich an, als wären sie in den 1970er Jahren jahrelang als Indianer verkleidet in der amerikanischen Prärie unterwegs gewesen und nicht in der prosaischen Spielstraße einer Reihenhaussiedlung. Da passt ein in der Sofaecke lümmelnder Achtjähriger mit dem iPad auf den Knien schlecht ins Bild. Und die Stimmung nähert sich dem Nullpunkt, wenn die Jungs länger als eine Stunde Minecraft oder League of Legends spielen oder sogar eine PlayStation ins Haus kommt. »Spiel doch mal was Richtiges« heißt es dann. Und mit sorgenvoller Miene lautet die erste Frage beim Elternabend: »Liest dein Kind eigentlich?«

Entspannt können das wenige sehen. Und das Outing, mit dem eigenen Kind Pokémon Go gespielt zu haben oder den Sprösslingen nicht verboten zu haben, den ganzen Nachmittag am Computer zu verbringen, kann Freundschaften spalten.

Ein kurzer Blick in die Geschichte zeigt, woher unsere sehr deutschen Vorstellungen von dieser naturnahen Kindheit rühren und warum wir uns mit der digitalen Welt unserer Kinder so schwertun. Ein entscheidender Grund ist der Muttermythos, der in Deutschland deutlich stärker ausgeprägt ist als in anderen europäischen Ländern. Er bedeutet, dass es das Beste für das

Kind ist, wenn es den ganzen Tag ausschließlich bei der eigenen Mutter verbringt.

Die Wurzeln dieser Entwicklung liegen nicht nur in unserer jüngeren NS-Geschichte, sondern reichen in frühere Epochen zurück: Noch im 18. Jahrhundert wurden Kinder nicht erzogen, sondern sie liefen einfach mit. Erst die Pädagogen Jean-Jaques Rousseau und Johann Heinrich Pestalozzi beschäftigten sich als Wissenschaftler mit der Erziehung der Kinder und der Rolle der Mutter. Sie sahen in der Ehefrau die einzige wichtige Bezugsperson und plädierten für eine aufopfernde Mütterlichkeit, bei der diese Heim und Haus versorgt. Die ideale Mutter stellte sich Pestalozzi so vor:

»*So geht die Sonne Gottes vom Morgen bis am Abend ihre Bahn; dein Auge bemerkt keinen ihrer Schritte, und dein Ohr hört ihren Lauf nicht. Aber bei ihrem Untergang weißt du, dass sie wieder aufsteht und fortwirkt, die Erde zu wärmen, bis ihre Früchte reif sind. Leser! Es ist viel, was ich sage, aber ich scheue mich nicht, es zu sagen: Dieses Bild der großen Mutter, die über der Erde brütet, ist das Bild der Gertrud und eines jeden Weibs, das seine Wohnstube zum Heiligtum Gottes erhebt und ob Mann und Kindern den Himmel verdient.*«

Johann Heinrich Pestalozzi, Sämmtliche Schriften, Band 2, S. 280, Tübingen 1819 (PSW2, 280)

Dass dieses Bild vor allem in Deutschland gelebt wurde, lag an der frühen Industrialisierung des Landes. Aus dem Agrarland wurde ein Industrieland: Die Männer, meist Hauptverdiener, verließen morgens das Haus, die Frau blieb zurück und versorgte die Familie. Friedrich Schiller hat die damalige Rollenverteilung in seinem Gedicht »Das Lied von der Glocke« verewigt:

(Friedrich Schiller, Ludwig Richter, Das Lied von der Glocke,
Eclassica 2015)

»Der Mann muss hinaus
Ins feindliche Leben,
Muss wirken und streben
Und pflanzen und schaffen,
Erlisten, erraffen,
Muss wetten und wagen
Das Glück zu erjagen.
[…]
Und drinnen waltet
Die züchtige Hausfrau,
Die Mutter der Kinder,
Und herrschet weise
Im häuslichen Kreise.«

In Frankreich, aber auch in Dänemark und Schweden sah dies
anders aus. Dort herrschte bis ins 20. Jahrhundert hinein die
bäuerliche Gemeinschaft, in der die Kinder nicht speziell von
der Mutter, sondern auch von anderen Personen des Haushalts
betreut wurden, etwa von Angestellten, Großeltern oder älteren
Geschwistern. In Frankreich war zudem der Adel stärker ausgeprägt als im bürgerlichen Deutschland. Dort war es üblich, dass
die Kinder von Ammen betreut wurden, weil die Mütter gesell-
schaftlich repräsentieren mussten. Als Folge davon gab es bereits
ab 1881 in Frankreich die »école maternelle«, die Ganztagsschule für Vorschüler. In unserem Nachbarland entwickelte sich
dabei früh der Gedanke, dass der Staat die Erziehung der Kinder
mitbestimmt – ein Ausdruck des republikanischen Gedankens,
der sich nach der französischen Revolution entwickelt hatte.

Auch in Deutschland gab es kurzfristig diese Bestrebungen.

Während der Zeit der Weimarer Republik richtete man landesweit Ganztagsschulen ein, die aber schnell wieder abgeschafft wurden. Anfang der 1920er Jahre gründete sich eine erste Mütterbewegung, die aus der Natur- und Wanderbewegung entstanden war und die Mütterlichkeit in Verbindung mit den heilenden Kräften der Erde brachte.

Die NS-Zeit war dann die entscheidende Phase für die Entwicklung eines deutschen Muttermythos. Die Nazis kultivierten das Müttersein und belohnten Frauen, die viele Kinder bekamen, mit dem sogenannten Mutterkreuz. Das Ideal war, dass die Frauen zu Hause bei ihrer Familie blieben. Schon im Krieg war das aber unmöglich, weil die Frauen die Kriegswirtschaft aufrechterhalten mussten. Nach dem Krieg mussten sie das Land wieder aufbauen. Sie räumten aber ganz selbstverständlich die Arbeitsplätze, als die Väter und Ehemänner aus dem Krieg zurückkehrten.

Die Erziehung der Kinder war während des Nationalsozialismus die Aufgabe der Mutter, aber auch des Staates. Diese politische Prägung der Kinder durch Schule und Jugendverbände führte in der Nachkriegszeit dazu, dass die Adenauer-Regierung die Erziehung so schnell wie möglich in die Hände der Familie zurückgeben wollte. Ganztagsschulen, in denen die Kinder den kompletten Tag vom Staat betreut wurden, wie das in Frankreich zu der Zeit üblich war, war dieser Regierung nach den Erfahrungen des Nationalsozialismus ein Dorn im Auge. Die Adenauer-Regierung hat eine komplette Gegenbewegung zur Nazi-Zeit eingeläutet. Familie war Privatsache, der Staat hatte da nicht reinzureden – keine Ganztagsbetreuung, keine Eliteschulen. Das bedeutete in der Zeit auch, dass Frauen zu Hause blieben.

Hinzu kam die boomende wirtschaftliche Entwicklung des neuen Wirtschaftswunderlandes Westdeutschland. Arbeitskräfte standen durch die Gastarbeiter und die Übersiedler aus der DDR ausreichend zur Verfügung. Und durch die faktische Vollbeschäftigung waren Familien nicht auf ein zweites Gehalt angewiesen.

Bis in die 1970er Jahre hielten sich hartnäckig Redewendungen wie »Meine Frau muss nicht arbeiten«. Die ersten Rezessionen Ende der 1960er Jahre und in den 1970ern verstärkten diese Bewegung. Auch politisch wurden die Frauen nicht dazu animiert, berufstätig zu werden. Im Gegenteil: In den 1970er Jahren wurden mit Hinweis auf die fehlenden Gelder und die drängende Arbeitslosigkeit keine Kinderbetreuungsplätze geschaffen. Die damalige sozialliberale Koalition beklagte zwar den Mangel, beseitigte ihn aber mit dem Hinweis auf die vermeintlich knappen Kassen nicht. Hinzu kam, dass alles, was Bildung und Kinderbetreuung betraf, Ländersache war und damit schwer zu verändern.

In den 1980er Jahren betrieb die Kohl-Regierung ebenfalls eine Familienpolitik, die den Platz der Frau zu Hause sah. Das stetig ausgebaute Recht, nach der Geburt der Kinder zu Hause bleiben zu können, erwies sich langfristig als Falle. Oft führte der dreijährige Erziehungsurlaub dazu, dass Frauen sich den Wiedereinstieg nach der langen Abwesenheit vom Arbeitsplatz schlicht nicht mehr zutrauten. Verstärkt wurde diese Entwicklung durch das Ehegattensplitting, das in den 1950er Jahren im Steuerrecht verankert wurde. Es ist einmalig in Europa und sichert den nicht arbeitenden Ehefrauen erhebliche Steuernachlässe. Wenn beide Partner versuchen, sich die Kinderbetreuung zu teilen und halbtags zu arbeiten, gibt es kaum Vorteile.

Auch dieser Aspekt ist wichtig, um zu verstehen, warum das Mutterbild in Deutschland ein ganz anderes ist als in Frankreich, Schweden oder Dänemark. Während dieser Zeit wurde in unseren Nachbarländern nämlich der Grundstein für einen Ausbau der Kinderbetreuung gelegt. Die Frauenbewegung war dort eine Initiative, die den Frauen mehr individuelle und gesellschaftliche Freiheiten ermöglichen sollte. Der Staat half den Frauen, für sich selbst zu sorgen, indem die Betreuungsplätze für Kinder aufgestockt wurden.

In Deutschland war das ganz anders: Zwar gab es auch mehr Freiheiten für Frauen. Im Vordergrund aber stand in den 1980er Jahren eine Bewegung, die ganz stark die Mütterlichkeit in den Fokus rückte. Es setzte sich das lange Stillen durch, das mit einer kontinuierlichen Berufstätigkeit schwer zu vereinbaren war. Auch die Grünen und die neue ökologische Bewegung stellten die gesunde Ernährung des Säuglings und Kindes in den Vordergrund. Dies erhöhte den Arbeitsaufwand für die Mutter, womit eine volle Berufstätigkeit noch schwieriger wurde.

Ganz anders in Frankreich und Schweden. Dort ist die Frauenbewegung genutzt worden, um Krippenplätze einzurichten – und zwar in Zeiten voller Staatskassen. Das war im Deutschland nach der Jahrtausendwende, als öffentliche Gelder immer knapper wurden, deutlich schwieriger.

Schon in den 1990er Jahren hatte die Autorin Dorothea Dieckmann mit ihrer Schmähschrift *Unter Müttern* die neue Mütterbewegung in Deutschland aufs Korn genommen. Sie machte sich lustig über das Gefühl der Allzuständigkeit vieler Mütter, das sie als typisch deutsch charakterisierte:

»Mütter tragen schwer. Die Last der Kinder. Die Verantwortung. Das Wohl der Familie. Mütter sorgen für mütterliches Ansehen. Mütter leisten Muttiarbeit. Mütter nehmen Termine wahr, Mütter bringen Kekse mit, Kaffee, Geschirr, Bastelzeug und gute Laune. Ach, Mütter! Eine bleierne Aura umgibt euch. Gewichte hängen an euren Mundwinkeln. Stahltrossen senkt ihr in die brüchigen Außenwände und

stützt mit festverschweißten Gerüsten das gefährdete Heim.
Sicher habt ihr die luftigen, flüchtigen Gefühle im Griff.
Wenn sie entweichen wollen, dann blitzt die Träne in eurem
Auge, eine stählerne Drohung.«

Dorothea Dieckmann,
Unter Müttern – eine Schmähschrift, Rowohlt 1993

Heute stirbt das Modell der Nur-Hausfrau langsam aus. Eine aktuelle Studie des Soziologen Carsten Wippermann bestätigt diese Einschätzung: Danach gehören nur noch 5 Prozent der Frauen zu dieser Gruppe. Die Traditionell-Konservativen würden am liebsten zu Hause bleiben, sind aber aus ökonomischen Gründen erwerbstätig. Sie arbeiten jedoch nur Teilzeit, um umfassend Zeit für die Kinder zu haben. Als Leitwert geben sie an, alles für die eigenen Kinder zu tun, immer für sie da zu sein und darin einen wesentlichen Sinn des Lebens zu finden. Sie wollen eine gute Mutter sein und dafür sorgen, dass jeder in der Familie Harmonie und Geborgenheit findet. Für die jungen Erwachsenen von heute ist das Modell Hausfrau und Mutter schon aus finanziellen Gründen nur in Ausnahmefällen eine Alternative.

Das alles erklärt, warum deutsche Eltern sich für ihre Kinder eine möglichst naturnahe, »richtige« Kindheit wünschen, die ihren idealisierten Vorstellungen entspricht – Vorstellungen, die ihre Wurzeln in langen Traditionen haben. Und die überhaupt nicht zu dem Bild eines Computerkids passt, das zwischen Pizzakartons und müffelnden Socken im Teenagerzimmer hockt und WLAN-Konferenzen abhält.

Die sehr dezidierten Vorstellungen von Mutterschaft in Deutschland erklären auch, warum Eltern sich als allein verantwortlich für die Erziehung ihres Kindes fühlen. Das ist in anderen Ländern sicher ähnlich. Dort aber hat auch der Staat eine stärkere erzieherische Funktion. Frankreich blickt – wie gesagt – auf eine lange Ganztagstradition zurück, und auch in den skandinavischen Ländern und den USA überlappen sich Beruf und Privatleben viel stärker als bei uns.

Erstaunlicherweise kann eine Mutter in Deutschland täglich acht Stunden im Büro am Bildschirm sitzen, programmieren und technische Lösungen entwickeln – und gleichzeitig ihrem achtjährigen Sohn das Computerspiel verbieten. Das ist für viele kein Widerspruch und dürfte mit der kulturellen Tradition der Trennung von privatem und öffentlichem Leben zusammenhängen.

Chill-out-Zone Deutschland – die behütete Generation

Die naturnahe Kindheit geht in Deutschlands Mittelschicht gerne über in eine bildungsbürgerliche Jugend mit Musikschule und Sportverein. Auch in diesen pubertären Jahren sind viele Eltern froh, wenn das Computerspiel der Kinder im engen Rahmen bleibt. Ausflüge in die digitale Welt bleiben höchstens auf Besuche der Kölner Gamescom-Messe begrenzt. Wer in der Freizeit programmiert, gilt gerne als Nerd und sozialfremd. Kein Wunder, dass Deutschland einen akuten Mangel an Informatikstudenten hat und Start-ups ihre Programmierer im Ausland einkaufen müssen. In vielen Schulen wird Informatik als Pflichtfach gar nicht angeboten. Computer-AGs haben immer noch einen uncoolen Ruf. Spätestens wenn die Jugendlichen das Abi in der Tasche haben, oft schon mit 17 Jahren, zeigt sich, wie unvorbereitet sie auf die digitale Welt sind.

Ein Universitätshörsaal auf dem Hamburger Campus. Der

Raum ist vollbesetzt. Überraschend ist, dass hier keine 20-Jährigen sitzen, sondern ausschließlich 50- bis 60-jährige Frauen und Männer, mal zu zweit, mal allein. Über hundert sind heute Abend gekommen. Nicht, um sich für das Seniorenprogramm einzuschreiben. Nein, sie alle nehmen an einem Abend der Studienberatung teil. Studieren wollen nicht sie, sondern ihre 17- bis 18-jährigen Kinder, die in diesem Sommer ihr Abitur machen. Seit einigen Jahren bietet die Universität diese Abende für die Eltern der künftigen Erstis, der Erstsemester, an. Zunächst geht es um die Basics: Wie das Studium aufgebaut ist, welche Fristen einzuhalten sind, was die Kinder an Formularen für die Zulassung benötigen.

Dann kommt der psychologische Teil. Immer mehr Jugendliche dieser Generation wissen eigentlich nicht, was sie studieren wollen, erzählt der Dozent. Viele Kinder aus dem Bildungsbürgertum haben musikalische, künstlerische und sportliche Stärken, doch leider kein Bild davon, was sie denn beruflich machen könnten. Die meisten digitalen Berufsbilder kennen sie nicht. Viele sind noch nicht einmal für ein Studium mit all seinen Herausforderungen der Quellenrecherche und der Präsentation gerüstet.

Tatsächlich konnte vor drei Jahren jeder zweite Achtklässler in Deutschland noch nicht einmal im Internet eine Webadresse suchen. Diese Kinder starten jetzt ins Studium. Viele Abiturienten sind nicht in der Lage, Quellen im Internet zu überprüfen und mehr als eine Suchadresse zu recherchieren. Bei internationalen Studien, bei denen die Kompetenz getestet wird, sich sicher im Internet zu bewegen, liegen deutsche Schüler im unteren Mittelfeld. Viele europäische Länder überholen uns in Sachen Medienkompetenz.

Dagegen sind deutsche Schüler immer noch führend in der Anzahl der Hobbys. Die heute übliche Förderung der Kinder führt dazu, dass sie viele ihrer Talente vertiefen können: Gab es in den 1970er Jahren meist nur ein Musikinstrument, Tennis oder Fußball als Hobby, ist die Auswahl heute schwindelerregend – von Astronomie bis Zumba.

Gleichzeitig – auch das berichtet der Studienberater – sind die Kids heute deutlich unselbstständiger als früher. Auch zu normalen Studienberatungen erscheinen die Schüler nicht selten in Begleitung ihrer Eltern. Hier berichten die Berater immer öfter von Gesprächen, in denen Mütter oder Väter die Gesprächsführung übernehmen und von ihren vermeintlich hochbegabten Sprösslingen schwärmen.

Nur wenige verdienen sich im Jugendalter ein paar Euro mit Babysitten oder Zeitungsaustragen dazu. Heute lässt das Ganztagsangebot vieler Schulen diese zusätzlichen Verpflichtungen nicht mehr zu. Hinzu kommt, dass – bis auf ein Pflichtpraktikum – viele Schüler bis zum Abitur keinerlei Einblick ins Berufsleben gewinnen. Manche haben auch erhebliche Mängel in der Bewältigung des Alltagslebens – vom Einkaufen bis hin zum Wäschewaschen oder Bettenbeziehen.

Es geht also an diesem Abend an der Universität um viel mehr als um die richtige Studienwahl. Die Experten binden seit einigen Jahren die Eltern in die Beratung mit ein, damit sie gemeinsam mit ihren Kindern genau überlegen können, wie die nächsten Ausbildungsjahre aussehen könnten. Das ist sinnvoll, denn die Generation der Digital Natives steht heute vor einer verwirrenden Fülle an Möglichkeiten, was die Berufswahl angeht. Allein in Deutschland gibt es rund 21.000 Studiengänge. Durch G8, also die verkürzte Oberstufe, sind viele erst 17 Jahre alt, wenn sie ihr Abitur in der Tasche haben. Oft haben sie dann noch keine Vorstellung davon, was sie beruflich machen könnten.

Nur langsam stellen sich die Schulen auf den früheren Abschluss ein und regen an, schon ab dem 14. Lebensjahr Betriebspraktika zu machen. Außerdem finden vermehrt Berufsmessen, sogenannte Parentum-Messen statt, auf denen Eltern gemeinsam mit ihren Sprösslingen die Berufswelt erkunden können. Auch werden hier und da digitale Schnupperkurse angeboten, wenn auch noch zufällig und vereinzelt.

In Deutschland fehlt zudem nach wie vor eine Start-up-Kultur, weswegen sich die Mehrheit der deutschen Jugendlichen vorstellen könnte, Beamter zu werden. Die Mehrheit der jungen US-Amerikaner möchte hingegen ein eigenes Unternehmen aufbauen.

Dass viele Jugendliche mit dem Abitur noch nicht wissen, wie ihre Zukunft aussehen könnte, bestätigt auch der Hamburger Jugendpsychiater Michael Schulte-Markwort. Früher gab es im Universitätsklinikum Hamburg-Eppendorf nur eine kinderpsychiatrische Station, seit einigen Jahren existiert zusätzlich eine für junge Erwachsene. Dort wird neben verhaltenstherapeutischer Arbeit ganz klassische Berufsberatung gemacht: Wie könnte ein passender Beruf für mich aussehen? Nachreifen nennen die Experten das. Da kann dann auch mal als Ergebnis herauskommen, dass die junge Frau ein sehr introvertierter Mensch ist und sich deshalb für den Beruf der Lehrerin oder Journalistin kaum eignet. Oder dass der junge Mann doch lieber eine Ausbildung machen möchte, statt wie von den Eltern gewünscht zu studieren.

Für die Eltern dieser Generation ist ein Studium das Nonplusultra. Hiervon versprechen sie sich den sicheren Job für ihren Sprössling. Doch das ist nach neuesten Forschungen aus der Soziologie überhaupt nicht mehr gesagt. Angesichts der Flut der Absolventen verliert das Studium sein Alleinstellungsmerkmal. Gutes Geld lässt sich zwar noch in der Informatik, in IT- oder Ingenieurstudiengängen, in Medizin und Jura verdienen. Viele

Geistes- und Sozialwissenschaftler aber enden in den sogenannten kreativen Berufen und gehen zu einem großen Teil nach bis zu sechs Jahren Studium mit mageren 1.800 Euro brutto monatlich nach Hause.

Die aktuelle Forschung kommt zu der Schlussfolgerung, dass eine Ausbildung nach dem Abitur oftmals eine lohnende Alternative sein kann, zumal die jetzige Generation der 30-Jährigen als »Generation Praktikum« ihr Leben fristet. Kein Wunder, dass die Soziologen längst vom erweiterten Erwachsenwerden sprechen. Galten junge Menschen früher mit Anfang 20 als erwachsen, sind die notwendigen Kriterien wie zum Beispiel die ökonomische Selbstständigkeit für viele erst mit Mitte 30 erfüllt.

Auch wird von den deutschen Jugendlichen trotz G8 nicht erwartet, dass sie zügig ein Studium beginnen und auch abschließen. Es ist viel die Rede vom Stress in der Schule, gleichzeitig gehören das Chillen und neuerdings »Chillax« (Chillen und Relaxen) zu den Lieblingsbeschäftigungen der Jugendlichen und jungen Erwachsenen. Viele ziehen nach dem Abitur erst mal ein Jahr in die Welt, unter anderem mit der Begründung, sie müssten sich von der Schulzeit und den Belastungen erholen. Jugendliche anderer europäischer Länder findet man da seltener, auch weil diese schon seit mehr als einem Jahrzehnt die Ganztagsschule kennen, die Jugendarbeitslosigkeit dort sehr viel höher ist und der Druck größer, rasch eine bezahlte Anstellung zu finden.

Unterm Strich führt das zu einer Generation, die den nächsten Lebensabschnitt sehr viel behüteter, umsorgter, aber auch unselbstständiger beginnt als viele vor ihr. Und leider zeigt sich jetzt, dass sie für die Herausforderungen der modernen digitalen Welt nur zum Teil gerüstet ist. Die gute Nachricht ist: Charakterlich ist sie es auf jeden Fall. Diese jungen Menschen sind sozial kompetent und teamfähig, das attestieren ihnen alle

Experten. Das sind die Folgen einer Erziehung auf Augenhöhe im Elternhaus und einer auf Verständigung ausgerichteten Pädagogik in den Schulen. Das wird den jungen Menschen auch in dem team- und projektorientierten Berufsleben der digitalen Welt sehr helfen. Was ihnen im Vergleich zu Studierenden aus anderen Ländern im Wege steht, ist, dass Schule und Elternhaus ihnen viele digitale Kompetenzen nicht vermittelt haben. Die müssen sie jetzt nachträglich erwerben, um im Studium und in der Berufswelt erfolgreich zu sein.

Von Atomkrieg bis Waldsterben – die Ängste der Babyboomer

Dass viele Eltern in Deutschland ihre Kinder mit angezogener Handbremse in die verwirrend komplexe moderne Welt entlassen, liegt wie gesagt auch an unserer Vergangenheit. Deutschland wird nach wie vor eine gewisse »German Angst« attestiert. Diese Ängstlichkeit übertragen viele Eltern – wenn auch unbewusst – immer noch auf ihre Kinder.

Ein Seminarhaus der evangelischen Kirche in der Lüneburger Heide. Idyllisch gelegen treffen sich hier an einem Wochenende im Spätsommer 50 Mitglieder des Vereins der Kriegsenkel. Den Männern und Frauen zwischen 40 und 60 ist gemeinsam, dass sie unter den Folgen des Zweiten Weltkrieges leiden – meist vermittelt über ihre eigenen Eltern, die damals Kinder waren. Das äußert sich in ganz unterschiedlichen Symptomen.

Michael, ein Psychologe aus Münster, erzählt mir auf der Tagung von seiner Mutter, für die alles Männliche brutal und negativ war: »Ich durfte kein Junge und schon gar kein Mann sein. War ich einmal laut oder rangelte nur so zum Spaß mit einem

Nachbarsjungen, war sie zutiefst erschüttert und fast panisch.« Er brauchte lange, um für sich eine Identität als Mann zu finden. Erst im Alter erzählte ihm seine Mutter, dass sie von russischen Soldaten vergewaltigt worden war.

Auch Sabine ist eine Kriegsenkelin. Die 55-jährige Sozialpädagogin aus Berlin kennt Phasen der tiefen Einsamkeit und Trauer, die sie sich nie so richtig erklären konnte: »Irgendwann habe ich gemerkt, dass ich unbewusst die Gefühle meiner Mutter übernommen habe, die eine sehr einsame Kindheit hatte. Der Vater ist im Krieg gefallen, und die Mutter war schwer depressiv.«

Fast alle erzählen Geschichten von ihren Eltern, die entweder körperlich abwesend oder traumatisiert von Kriegserlebnissen waren und nicht richtig für sie da sein konnten. Diese Eltern wirken merkwürdig ichbezogen und unempathisch. Angst kommt in diesen Geschichten auch vor. Viele Kinder haben eine latente Alarmstimmung von ihren Eltern übernommen. Viele kennen Panikstörungen.

Und sie alle berichten davon, dass ihre Eltern von den vielen Flüchtlingen, die im Sommer 2015 über die deutsche Grenze kamen, an ihre eigene Flucht erinnert wurden. Das führt bei den Eltern entweder zu einer Abwehr der Flüchtlinge oder zu dem Gefühl, unbedingt helfen zu müssen, weil sie noch allzu nah ihre eigene Not vor Augen haben. Gemeinsam sehen sie sich – wie die Autoren des gleichnamigen Buches – als *Nebelkinder*, die ihre eigene Kindheit und Jugend oft wie hinter einem ihnen unbekannten Schleier erlebt haben und noch heute an den Folgen der Sprachlosigkeit und Trauer leiden.

Der Verein Kriegsenkel ist auf Initiative der Kölner Journalistin und Autorin Sabine Bode entstanden, die mehrere Bücher über die Folgen der Kriegstraumata geschrieben hat. In ihren Büchern haben viele Kriegskinder und -enkel ihre eigenen Ma-

107

rotten und Gefühle wiedererkannt. Für manche war es auch ein Weg, mit ihren Eltern endlich einmal über deren Kriegserlebnisse zu reden. Bode hat auch ein Buch mit dem Titel *Die deutsche Krankheit – German Angst* geschrieben.

Die besondere Ängstlichkeit der Deutschen taucht in der Literatur und Forschung immer wieder auf. Die Amerikaner benutzten den Begriff, als die Schröder-Regierung 2001 die Beteiligung deutscher Truppen am Zweiten Golfkrieg ablehnte. Aber die sprichwörtliche Angst der Deutschen ist viel älter: Der US-Schriftsteller Thomas Wolfe besuchte 1936 zum wiederholten Mal Deutschland und beschrieb in seinem posthum veröffentlichten Roman *Es führt kein Weg zurück* die German Angst, die er im Hitler-Deutschland gespürt hatte: »Ihm wurde klar, dass diese ganze Nation von der Seuche einer ständigen Furcht infiziert war: gleichsam von einer schleichenden Paralyse, die alle menschlichen Beziehungen verzerrte und zugrunde richtete.«

Thomas Wolfe bezog diese German Angst auf das Erlebnis einer Diktatur. Doch diese Ängstlichkeit ist offenbar geblieben. Altbundeskanzler Helmut Schmidt glaubte es zu wissen: »Die Deutschen haben die Neigung, sich zu ängstigen. Das steckt seit dem Ende von Nazi-Zeit und Krieg in ihrem Bewusstsein«, sagte er in einem Interview mit dem Focus im Jahr 2011.

Blicken wir 35 Jahre zurück. Anfang der 1980er Jahre sind 500.000 Menschen in den Bonner Hofgarten gekommen, um für den Frieden und gegen die Stationierung von US-amerikanischen Pershing-Raketen in Deutschland zu protestieren. Es ist die Zeit des NATO-Doppelbeschlusses. Es herrscht der Kalte Krieg, der Fall der Mauer ist noch weit weg und völlig undenkbar. Viele Jugendliche sind stark politisiert. Sie engagieren sich in der Friedensbewegung, wickeln sich Palästinensertücher mit dicken Bommeln um den Hals, tragen unförmige grüne Bundeswehrparkas und haben vor allem Angst – Angst vor dem

Ende der Welt. Der Atomkrieg scheint zum Greifen nah. Es gibt starke antiamerikanische Strömungen.

In diese Zeit fallen auch andere Ängste: Das Waldsterben zum Beispiel, als ein Waldschadensbericht eine hysterische Stimmung auslöst, dass alle Bäume durch den sauren Regen eingehen könnten. Und natürlich die Angst vor dem atomaren GAU, der sich einige Jahre später durch Tschernobyl bestätigen sollte.

Wer sich nicht in der Friedensbewegung engagiert und die Friedenstaube als Emblem trägt, läuft mit einem gelbroten Sticker mit der Aufschrift »Atomkraft? Nein danke« herum. Die Umweltbewegung ist gerade zehn Jahre alt und erobert das Establishment. Es ist das Gründungszeitalter der Grünen.

Die Wiedervereinigung, der Zusammenbruch der Sowjetunion, der GAU von Tschernobyl, das Attentat auf das World Trade Center, die Finanzkrise und die tiefe Krise der EU – solche Szenarien konnten sich die Wohlstandskinder der 1980er Jahre in der beschaulichen westdeutschen Hauptstadt Bonn nicht vorstellen. Sie erwarteten den Dritten Weltkrieg – und zwar direkt vor ihrer Nase.

Und sie träumten die ganz großen Utopien: Deutschland soll neutral werden, aus der NATO aussteigen, alle fremden Waffen im eigenen Land verbieten. Das ist zwar nicht passiert. Dafür wurden andere Vorstellungen Wirklichkeit: Deutschland ist aus der Atomenergie ausgestiegen, und die Biobranche mauserte sich zu einem Wachstumsmotor.

Ob sich diese Ängstlichkeit weitervererbt? Wenn man wissenschaftlichen Studien glauben kann, schwächt sich eine solche posttraumatische Kriegsangst von Generation zu Generation langsam ab. Niederländische Wissenschaftler untersuchten genetische Veränderungen nach dem Hungerwinter 1945. Es gibt Forschungen über den 11. September und seine traumatischen Wirkungen auf die US-Amerikaner. Und alle sagen: Die erste Generation trifft die volle Ladung Panik und Angst. Die zweite übernimmt von der ersten noch einige Verhaltensweisen, die dritte kann sich langsam davon befreien. Das spricht dafür, dass die Kriegsurenkel langsam auch die Lasten der German Angst verlieren.

Dafür gibt es deutliche Zeichen: Heute schauen Kinder und Jugendliche mit viel mehr Zuversicht in die Zukunft, was sicherlich auch daran liegt, dass ihre Eltern eine der längsten Friedensphasen Europas erlebt haben. Sie gelten als sozial kompetenter und verstehen sich besser mit ihren Eltern. Ihnen fehlen die großen Utopien, aber auch die großen Ängste. Sie gelten als pragmatischer als ihre Eltern.

Ein Blick in die digitale Zukunft – Christina, 64 Jahre

Sie neigte zum Prokrastinieren: die Arbeit aufschieben, das Unwichtige dem Wichtigen vorziehen, die Zeit mit angenehmem Kleinkram vertrödeln, während der Druck wuchs, das unangenehm Große endlich in Angriff zu nehmen.

Es gab Projekte, die sie einfach nicht mochte. Sie wusste seit vierzig Jahren, dass das so war. Projekte, die eine bestimmte Art von Konzentration erforderten, die ihr schwerfiel: Fakten recherchieren, Formalien erfüllen, Anträge ausfüllen, Eingaben machen. Solche Aufgaben waren so gleichförmig, dass eine Maschine sie besser hätte erledigen können, aber gleichzeitig waren sie dermaßen komplex und juristisch festgelegt, dass ein Mensch sie erledigen musste.

Sie rieb sich die Stirn, denn sie merkte, dass sie hier im Green Room nicht weiterkommen würde. Das, was sie zu Beginn ihrer Berufstätigkeit Großraumbüro genannt hatte, hieß heute so, weil auf jeden, der hier arbeitete, ein gutes Dutzend Grünpflanzen kamen, die als Sicht- und Geräuschschutz zugleich dienten. Sie mochte zwar die neutralen Schreibtische hier im Shared Space, aber an manchen Tagen irritierte sie, dass sie zwar spürte, aber nicht sah, wie hinter den grünen Blätterwänden ihre Teamkolleginnen arbeiteten.

Seufzend nahm Christina ihr Tablet von der Tischplatte und setzte mithilfe ihres Büroarmbands alle Einstellungen des Arbeitsplatzes wieder auf neutral. Die Tischleuchte verlosch, der Lüftungsschlitz fuhr seine Lamellen auf eine mittlere Stellung. Sobald sie aufgestanden war, sirrten die Lehne und die Armstützen des Bürostuhls wieder in ihre Ausgangsposition.

Sie beschloss, sich einen Single Room zu nehmen, ein kurzer Blick aufs Tablet zeigte ihr, dass im Westflügel einer frei war, bei dem der Blick auf den Fluss ging. Während sie durch den Green Room ging, registrierte sie, wie jung die meisten hier in diesem Team waren: Manche waren höchstens Anfang, Mitte fünfzig.

›Für euch mache ich das‹, dachte sie. ›Ich selbst hab da keine Lust drauf. Was das für ein Aufwand ist, dieses verdammte Projekt!‹

Und dann fiel ihr etwas auf: ›Es ist wieder einmal typisch, dass ich nach einem Raum mit Blick aufs Wasser gesucht habe. Hauptsache, es gibt eine Ablenkung. Dabei wäre es wirklich besser, ich würde mich bei diesem Projekt konzentrieren. Damit es gut wird und ich es schnell fertigkriege.‹

Es gab immer viel zu tun. Sie war 64, und sie hatte sich im Rahmen der Flexible Work-Life-Time auf noch drei bis fünf weitere Jahre bis zur Rente festgelegt. Sie selbst würde also nicht mehr viel haben von ihrem nächsten Projekt. Aber eben alle anderen, die jüngeren, die bei diesem noch relativ neuen Dienstleister für kreative Datenlösungen arbeiteten.

Als sie ihren Single Room erreicht hatte, entsperrte sie die Tür mit ihrem Armband und wartete dann im Raum ein, zwei Wimpernschläge, bis die Daten an alle Geräte übertragen waren. Sie merkte am Abklingen des Lüftungsgeräuschs und am Zurückweichen der Fensterverdunkelung, dass ihre individuellen Büroeinstellungen zu arbeiten anfingen. Sie stellte ihr Tablet in die Docking Station und nickte, damit die externen Flatscreens ihr alle Daten zeigten, die sie brauchte.

›Hm. War das kompliziert. So viele Parameter, so viele Dinge, die es bei diesem Projekt zu beachten gilt. Vielleicht, wenn ich ganz kurz …‹ Sie ging zum Fenster und sah auf den Fluss, der das Sonnenlicht schaukelnd zu ihr zurückwarf. Analoge Ablenkung, vielleicht lag es an ihrem Alter, dass ihr das als eine nicht ganz so große Zeitverschwendung erschien wie digitales Prokrastinieren. Zwei Atemzüge später stand sie vorm Bildschirm und fragte in ihren Netzwerken, was die anderen taten, um sich besser konzentrieren zu können. Was sie für Tipps hatten, um sich zu überwinden, wenn sie keine Lust auf eine Aufgabe hatten.

»Warum machst du etwas, worauf du keine Lust hast?«, fragte ihre alte Freundin Nicole. »Habt ihr kein Follow-Your-Bliss-Programm?«

Doch, hatten sie – eine virtuelle Börse, in der jeder Aufgaben fand, die er lieber machte, als sich mit seinem eigenen Projekt abzuquälen, eine Tauschbörse für Aufgaben, die man selbst unangenehm fand, andere aber vielleicht nicht.

»Schon«, antwortete sie, »aber das hier muss ich selber machen.«

»Keiner muss müssen«, sagte Ingolf. »Was habt ihr denn für eine Firmenkultur. ;-).«

›Schöner Retro-Smiley‹, dachte sie und verließ das Netzwerk. Dann schaute sie kurz nach, was ihre eigene Firma Neues auf der internen Seite hatte. »Kopf frei für Wichtiges« stand da und »Neue Work-Spaces by the Ocean«. Sie musste fast lachen. Aufs Meer zu schauen war natürlich noch besser als auf den Fluss. Die ließen sich wirklich immer etwas Neues einfallen.

Sie sah auf ihre nostalgische Uhr. 40 Minuten mit dem Monorail an die Ostsee, das passte gut in ihr Flextime-Kontingent, und im Zug konnte sie ja schon mal anfangen, ein paar grundsätzliche Parameter für ihr Projekt zu klären.

Sie loggte sich wieder aus dem Single Room aus, reservierte auf dem Weg zum Monorail einen der neuen Work-Spaces by the Ocean (wobei, seit wann war die Mecklenburger Ostseeküste Ozean? Klassischer Fall von Over-Branding) und fing im Gehen an, die ersten Daten zu sammeln, die sie brauchte.

Der Zug hatte einen ganzen Wagen mit reservierten Sitzen für Mitarbeiter ihrer und anderer Partnerfirmen, und während sie ihren Platz fand, merkte sie, dass der alte Trick funktionierte: unangenehme Aufgaben am besten ganz nebenbei erledigen, im Gehen, im Zug und dann später, wenn sie im neuen Work-Space mit Blick aufs Meer war, nur noch die Fäden zusammenbinden und dem Projekt den letzten Schliff geben.

Sie setzte sich in ihr Polster, aktivierte ihr Tablet, rief auf, was sie schon an Informationen hatte, und als der Monorail Fahrt aufnahm, fing sie endlich an, ihr aufwändiges, ein wenig nerviges, aber – davon war sie überzeugt – doch wichtiges Projekt zu beginnen, nämlich: endlich einen Betriebsrat zu gründen.   TR

4. Technologiefeindliches Deutschland – die Wurzeln

Die »German Angst«, die Bedenkenträgerei, das Zaudern – all dies wird uns Deutschen zugeschrieben. Auf der anderen Seite ist »Made in Germany« ein Prädikatssiegel. Wir werden von aller Welt gelobt für unsere Ingenieurskunst, für unsere Gründlichkeit, für unsere Genauigkeit. Wie passt das zusammen? Und warum schlägt das Pendel eher auf die negative Seite, wenn es um das Thema Digitalität geht? Ein Blick in die Geschichte gibt darauf erstaunlich klare Antworten.

Bis weit ins 19. Jahrhundert hinein wird Deutschland immer wieder als industriell rückständiges Land bezeichnet. Selbst im Handwerk galten die Deutschen noch um 1770 als hoffnungslos hinter den Engländern zurückgeblieben. In Geschichten von englischen Facharbeitern in Deutschland wirkt Deutschland wie ein unterentwickeltes Kolonialland.

Mary Shelley, die Autorin des 1811 veröffentlichten Science-Fiction-Romans *Frankenstein oder der neue Prometheus*, ließ ihren Helden Viktor Frankenstein, den gruseligen Schöpfer eines künstlichen Menschen, im deutschen Ingolstadt wirken. Auch das ein Zeichen dafür, dass Deutschland, das Land des Doktor Faustus, zur Zeit der Romantik einen gewissen Ruf als Land eigenbrötlerischer Tüftler und Phantasten genoss.

Aber eben nicht als Land erfolgreicher Ingenieure: Zunächst einmal ging die technologische Entwicklung sehr viel langsamer voran, als wir uns das heute vorstellen können. »Made in

Germany« war im 18. Jahrhundert überhaupt kein Begriff. Im Gegenteil: Der Bau der ersten Dampfmaschine beispielsweise gestaltete sich als eine zähe Angelegenheit. Die erste deutsche Dampfpumpe wurde 1783 bis 1785 auf Weisung Friedrichs II. bei dem Hettstedter Kupferschieferbergwerk errichtet – und 1794 schon wieder abgebaut, weil sie nicht funktionierte. Zu dem Zeitpunkt liefen die Dampfmaschinen in England schon seit einigen Jahrzehnten auf Hochtouren.

Es dauerte noch eine ganze Weile, bis Deutschland den Anschluss an die Industrielle Revolution schaffte. Noch der amtliche deutsche Bericht über die Londoner Weltausstellung von 1851 stellte fest, dass es auf keinen Fall zu erwarten sei, dass Deutschland jemals das englische Niveau der Kohle- und Eisenproduktion erreichen würde. Dazu habe es zu wenig Kohle. Den Durchbruch schaffte dann das Ruhrgebiet mit den dort entdeckten Kohleflözen. Deutschland wurde zum Land der Kohle und des Stahls.

Damit war auch die Grundlage geschaffen für den Maschinen- und Werkzeugbau. Der Erfolg des deutschen Maschinenbaus wurzelte wesentlich in der Flexibilität gegenüber individuellen Kundenwünschen. Berühmt, berüchtigt waren die Deutschen – gerade bei der amerikanischen Konkurrenz – mit ihrer Bereitschaft, alle Sonderwünsche der Kunden mit dem Berliner Idiom »Mach ick« zu beantworten. Der Soziologe Werner Sombart, den der Bielefelder Historiker Joachim Radkau in seinem Buch »Technik in Deutschland« zitiert, schrieb: »Es war in erster Linie die Anpassungsfähigkeit, durch die wir uns die Stellung auf dem Weltmarkte erobert haben.«

Diese wiederum sei das Verdienst einer gewissen »Demut und Bescheidenheit« – Relikte einer Zeit, in der die Deutschen noch keinen eigenen Nationalstaat besaßen. Für diese Spezialisierung ist der deutsche Maschinenbau noch heute bekannt und in aller Welt geschätzt.

Deutschlands sprichwörtliche Langsamkeit und Behäbigkeit hatte einen weiteren Vorteil, der das Gütesiegel »Made in Germany« gegen Ende des 19. Jahrhunderts zum Erfolgsschlager machte: Die Deutschen setzten auf Sicherheit. Bei der Eisenbahn und dem Maschinenbau galten die deutschen Sicherheitseigenschaften als wegweisend. Das Sicherheitsmotiv versuchte die Wirtschaft vor allem gegen die USA auszuspielen, deren direkter Konkurrent der deutsche Maschinenbau seit den 1890er Jahren war. Die Amerikaner galten als skrupellos und rein der Wirtschaftlichkeit verhaftet.

Der Technikhistoriker Joachim Radkau zitiert in seinem Buch »*Technik in Deutschland*« dazu einen Aufsatz von 1913 mit dem Titel »Die Verschwendung von Menschenleben in den Vereinigten Staaten«. Dort heißt es: »... die Verschwendung von Menschenleben habe nirgends in der ganzen Welt so überraschend große Ausmaße angenommen wie in den USA, und der dortige Blutzoll der Technik habe selbst die schreckliche Zahl der Hinrichtungen in Russland zur Bedeutungslosigkeit schrumpfen lassen.«

Das Risiko eines amerikanischen Eisenbahners, bei einem Arbeitsunfall zu sterben, war damals 4-mal so hoch wie das eines deutschen Arbeiters, das Verwundungsrisiko 18-mal so hoch.

Im Maschinenbau war es die Ende des 19. Jahrhunderts entwickelte Werkstoffforschung mitsamt der Entwicklung des Materialprüfverfahrens, die den deutschen Produkten den Ruf als sicher und stabil einbrachten. Die Vorläufer des TÜV waren geboren. Und damit auch all die Gründlichkeit, die uns heute bei Straßen-, Brücken-, Auto- und Maschinenbau nützt, aber auch manchmal im Wege steht. Ein Manager sagte vor einigen Jahren zum Spaß: »Wenn es die Technikfolgenabschätzung schon gegeben hätte, wären Eisenbahn und Auto in Deutschland nie genehmigt worden.« Etwas Wahres ist da schon dran.

Eisenbahnfahren schadet dem Gehirn – Geschichten von der Angst vor der Moderne

An alles Neue gingen die Deutschen mit einer gewissen Gründlichkeit und einem großen Sicherheitsbedürfnis heran. Das zeigt sich eigentlich bei allen wegweisenden Erfindungen des 19. Jahrhunderts.

Das Land der Dichter und Denker und das Ursprungsland der Romantik sah in der Moderne immer auch eine Gefahr für seine Kultur. Exemplarisch wurde das deutlich bei der Eisenbahn. Sie revolutionierte nicht nur die Art des Reisens, sie brachte auch Handel und Transport in das zersplitterte Deutschland und war der Motor für Wohlstand und Kapitalismus. Trotzdem gab es viele Bedenken, wie dieses Gedicht von Joseph von Eichendorff »An die Dichter« zeigt:

> *»Das Reich des Glaubens ist geendet,*
> *zerstört die alte Herrlichkeit,*
> *Die Schönheit weinend abgewendet,*
> *So gnadenlos ist unsre Zeit.«*

(Joseph von Eichendorff, Gedichte, Berlin 1943)

Die Eisenbahn wurde zum Sinnbild der zerstörerischen Kraft der Moderne und der Veränderungen, die diese Technologie in Europa bringen sollte. Sie war – wie heutzutage die Globalisierung – eine Revolution auf vielen Ebenen des täglichen Lebens. Das führte zu einer Spaltung in der Gesellschaft: Die einen begrüßten die Eisenbahn als Tor zu Wohlstand und Weite, die anderen hatten Angst um Deutschlands Werte. Auch das kommt einem sehr bekannt vor. Heutzutage würde man wohl sagen, das eine war die Strömung der Liberalen, das andere die der Traditionalisten. Novalis, der als großer Bewahrer des Alten gilt, beschrieb seine Zeit so:

»*Die Mitglieder waren rastlos beschäftigt, die Natur, den Erdboden, die menschlichen Seelen und die Wissenschaften von der Poesie zu säubern, jede Spur des Heiligen zu vertilgen, das Andenken an alle erhebenden Vorfälle und Menschen durch Sarkasmen zu verleiden und die Welt alles bunten Schmucks zu entkleiden.* « (Novalis, Schriften 1. Teil, Berlin 1815)*

Er sah den Grund für die Zerrissenheit der modernen Welt in einer Abkehr von Poesie, Religion und Philosophie und einer Hinwendung zu Industrie, Technisierung und Maschinenwesen. Auch der Dichter Friedrich Rückert fürchtete die Entzauberung der Welt und plädierte für eine Entschleunigung (auch ein Begriff, der uns heutzutage sehr vertraut ist):

»*Ihr möchtet gerne in allen Breiten,*
Die Welt mit Eisen überbrücken,
Um windschnell drüber hinzugleiten,
Als wie ein Schiff auf Meeresrücken.
Ich aber möcht´ in allen Weiten,
Die Welt mit Rosenhecken schmücken,
Fußwandelnd langsam durchzuschreiten,
und überall nach Lust zu pflücken. «
(Rückert, Friedrich: Gesammelte Poetische Werke, Band 7,
Frankfurt 1868)

In England kam es sogar zum »Maschinensturm«, bei dem Arbeiter Maschinen zerstörten. Allerdings ging es dort auch immer um die Verbesserung der Arbeitsverhältnisse, nicht nur um eine Abneigung gegenüber der neuen Technologie. Auch in Deutschland gab es Ausschreitungen, wenn auch nur vereinzelt. Dahinter steckte die weit verbreitete Furcht, die neuen Techniken könnten bewahrenswerte gesellschaftliche Verhältnisse zerstören.

Legendär sind die Geschichten rund um die Eisenbahn und die Krankheiten, die diese große technologische Erneuerung angeblich auslösen würde: »Railway-Spine, Railway-Brain, traumatisches Irresein, traumatische Hysterie, traumatische Neurose« liest man in der Literatur. Auch schön: die »Paralysis des nervus facialis« bei Reisenden, die durch schnelles Laufen erhitzt den Zug kurz vor der Abfahrt erreichten und bei geöffnetem Fenster einen Vordersitz einnahmen. Oder auch:

»Die schnelle Bewegung muss bei den Reisenden unfehlbar eine Gehirnkrankheit erzeugen. Wollen aber dennoch Reisende dieser gräßlichen Gefahr trotzen, so muss der Staat wenigstens die Zuschauer mit einem hohen Bretterzaun schützen.«

Schivelbusch, Wolfgang:
Geschichte der Eisenbahnreise, Fischer 2000

Dieser große Bretterzaun wurde tatsächlich entlang der Strecke im damaligen Deutschland gebaut. Dabei ging es natürlich auch um die Vermeidung von Unfällen. Die ersten tödlichen Eisenbahnunfälle schreckten die Menschen auf. Einer der ersten ereignete sich 1842 in Frankreich. 50 Menschen wurden dabei getötet. Das Bild der zerrissenen und zerquetschten Leichen sorgte in Deutschland noch lange für Angst und Nervosität. Es gab eine Scheu vor der Eisenbahnfahrt, vergleichbar der modernen Flugangst. Dabei war das keineswegs eine Debatte unter der Oberschicht. Quellen berichten von dem »scheuen Blick« der

Bauern, mit dem diese argwöhnisch die Eisenbahn beobachteten:

>*Cholera und Kartoffelkrankheit, verkehrte Witterung, Erdbeben. Krieg und Aufruhr der letzten Jahrzehnte sind seinem Aberglauben häufig genug als das natürliche Gefolge dieser titanischen Neuerung erschienen. Da ist ihm die Anlegung der Eisenbahn das letzte Wahrzeichen der himmelstürmenden Vermessenheit, mit welcher der übermütige Mensch den ewigen Naturgesetzen Gottes eine Wette anbietet. Sie ist ihm der Turmbau von Babel ins Neumodische übersetzt.*«

Schivelbusch, Wolfgang:
Geschichte der Eisenbahnreise, Fischer 2000

Auch in der intellektuellen Debatte dieser Zeit war die Eisenbahn-Angst ein beliebtes Thema. Sie wurde in vielen Karikaturen und Leitartikeln der damaligen Zeit thematisiert: So war ein Leitmotiv des beginnenden 19. Jahrhunderts die Vorstellung, dass die Moderne nervös und reizbar macht. Dahinter steckte auch die Angst vor der Veränderung.

All diese skeptischen Stimmen konnten den Erfolg der Eisenbahn aber nicht aufhalten. Es entwickelte sich ein unglaublicher Siegeszug in dem damals zersplitterten Vielstaatengebilde Deutschland: Die Eisenbahn wurde zum Verkaufsschlager der neuen industriellen Welt. 1842 bezog die preußische Eisenbahn die erste Lokomotive aus deutscher Produktion. 1847 übertrafen die deutschen Lokomotiven schon die aus England importierten. Und schon 1855 war Deutschland Weltmarktführer. Die Eisenbahn bildete den Grundstock für den Mythos des erfolgreichen deutschen Maschinenbaus. Vor allem brachte sie Wohlstand ins Land. Die Hungersnöte in den entlegenen Landesteilen nahmen ab, weil Güter viel besser verteilt werden konnten. Und der Import von Waren wurde verbessert. Politisch war die Eisenbahn die Chance, das zersplitterte Land zu vereinen.

Die Eisenbahn brachte die Welt in Bewegung und läutete das Ende der Postkutschenzeit ein. Die Geburtsstunde der Mobilität war gekommen. Die Bahn veränderte die Wahrnehmung von Raum und Zeit. Man reiste nicht mehr tagelang mit der Kutsche über schlammige und holprige Wege. Das Reisen wurde praktikabler, sauberer und für viele erschwinglich.

Für uns ist es vielleicht mit der Zunahme der Flugreisen vergleichbar. Die Welt kam näher. Und sie veränderte tatsächlich – wie von den Romantikern befürchtet – die Natur. Die Landschaft wurde zergliedert, die Luft verpestet. Mit der Ruhe und Beschaulichkeit war es vorbei. Die Kohlefeuerung brachte den Ruß in die Städte. Die Stadt Köln etwa platzierte den Bahnhof direkt neben den Dom. Er sollte den Fortschritt demonstrieren, sorgte jedoch nicht nur in Köln dafür, dass die Bahnhofsviertel zu schmutzigen, verrufenen Quartieren wurden. Die Bürger zogen in die Gartenstraßen der Villenvororte. Die Städte veränderten sich.

Ähnliche Vorbehalte, vor allem was die Sicherheit anging, gab es auch zu Beginn der Automobil-Ära. Auch hier waren die Deutschen eher zögerlich, und die ersten tödlichen Unfälle sorgten für Angst und Schrecken. Wer kann heute glauben, dass die Autonation Deutschland einst im europäischen Vergleich ziemlich rückständig war? Tatsächlich galten die Franzosen um 1900 als weltweit führend. Erklärt wird dies erneut mit der den Deutschen zugeschriebenen Behäbigkeit und Langsamkeit.

Das Auto war zu dieser Zeit kein Fortbewegungsmittel für jedermann, sondern, wie auch das Fahrrad, Ausdruck des Rennsports. Auto- und Radrennen waren in der damaligen Aristokratie beliebt, vor allem in der französischen Oberschicht der Belle

Époque. Die Deutschen setzten damals noch auf Pferderennen als gesellschaftliches Spektakel.

Auch Tempo machten vor allem die Franzosen. Ähnlich wie bei der Eisenbahn herrschte in Deutschland die Angst vor dem Automobil. Der Erfinder der ersten Automobile in Deutschland, Carl Benz, hielt deshalb 50 Kilometer pro Stunde für schnell genug und wollte, dass sich das Auto in den bestehenden Straßenverkehr einfügte. Von Autorennen hielt er nichts. 50 Kilometer pro Stunde waren allerdings auch schon für einige deutsche Städte zu viel. Es kam zu zahlreichen Unfällen, was die Vorbehalte in der Bevölkerung anheizte.

Als zweiten Grund, dass Frankreich anfangs deutlich mehr Autos verkaufte, geben Forscher an, dass dort die Werbung viel verbreiteter war. Die Franzosen schafften es, das Autofahren mit einem Gefühl der Freiheit zu koppeln. Französische Autos waren aber weiterhin sehr teuer und wurden vor allem von der Oberschicht gekauft und gefahren.

Ganz im Gegensatz dazu stand die Entwicklung in Amerika: Mit dem »Modell T« von Ford (gebaut ab 1908) hatten die USA auf das preiswerte Fahrzeug für jedermann gesetzt und waren damit höchst erfolgreich. Der Volkswagen der Deutschen kam erst deutlich später. Erst 1960 holte Deutschland den Rückstand gegenüber dem Ausland auf. Manche entscheidende Erfindung kam also erst relativ spät in Deutschland auf. Dann jedoch nutzten die deutschen Ingenieure ihre Qualitäten der Gründlichkeit und Sicherheit und entwickelten Produkte, die auf dem Weltmarkt Erfolg hatten.

Am ehesten vergleichbar ist die derzeitige Digitalisierung mit der Erfindung des Telefons. Es gilt nach Eisenbahn und Auto als weitere große Erfindung des 19. Jahrhunderts. Auch bei dieser bahnbrechenden Erfindung starteten die Deutschen mit Verzug.

Ein Blick in die Statistik führt zur ersten Überraschung: Erst 1973, also knapp 100 Jahre nachdem der US-Erfinder Alexander Graham Bell 1876 seinen berühmten Prototyp vorgestellt hatte, gehörte das Telefon zur Standardausstattung der bundesdeutschen Haushalte: 1973 hatte jeder Zweite ein Telefon, was heute immer noch eine unvorstellbar niedrige Zahl ist. In den USA besaß 1921, also ein halbes Jahrhundert zuvor, schon jeder zehnte Haushalt ein Gerät.

Erklären lässt sich das erneut mit dem zögerlichen Verhalten der Deutschen. Es gibt eine wunderbare Anekdote vom Vater des Telefons in Deutschland, von Werner von Siemens. Er glaubte nicht, dass sich Otto Normalbürger ein Telefon kaufen würde. Der Tüftler hielt es nur für sinnvoll, um Nachrichten mit den Telegrafenämtern auszutauschen. Siemens selbst nannte seine Produkte »Dingerchen«. Er platzierte zwar für repräsentative Zwecke ein Telefon vor sich auf den Bürotisch, benutzte es aber nie, sondern schickte für Nachrichten Botenjungen.

Das hatte auch etwas mit dem damaligen Verständnis von Kommunikation zu tun. Wichtige Nachrichten, wie zum Beispiel Kundenaufträge, mussten schriftlich vorliegen, die alleinige mündliche Nachricht reichte nicht. Das ist – mit Einschränkungen – ja noch heute so. Verträge brauchen immer noch eine Unterschrift. Außerdem hatte das Statut des Botenjungen vor allem im kaufmännischen Bereich eine gewisse verbindliche Funktion. Ein von einem Botenjungen zugestellter Brief wurde von den Geschäftspartnern ernster genommen als ein Telefonanruf. Und Personal war nicht teuer, das Telefon war also noch kein Instrument, um Kosten zu sparen. 1921 waren bei einer größeren Gussstahlfabrik noch 87 Bürodiener, 68 Boten, 254 Laufjungen sowie Postboten angestellt.

In Großbritannien setzte sich das Telefon ebenfalls nur zögerlich durch. Kein Wunder bei dem Standesdenken und den streng traditionalistischen Etiketten des Geschäftsgebarens. Ganz anders war da die amerikanische Kultur. In dieser Gesellschaft mit den damals offenen Grenzen für Einwanderer, Siedler und Unternehmer hatte der Kapitalismus seine alten Klassen- und Standesschranken abgestreift. Die politische Kultur war hier im 19. Jahrhundert durch mündliche Formen der Kommunikation geprägt. Es galten die neuen Ideale des Pioniergeistes, der Schnelligkeit und Effizienz. Da passte das Telefon perfekt für die Produktwerbung, Wahlbeeinflussung oder Kundenberatung.

In Deutschland mussten die »Dingerchen« hingegen erst die förmliche und distinguierte Kommunikationskultur aufweichen und einem neuen und pragmatischen Stil weichen.

Die Smartphones brauchten allerdings keine 100 Jahre, um sich in Deutschland zu etablieren. Das war Sache eines halben Jahrzehnts. Trotzdem liegen wir in der Ausstattung mit Geräten im internationalen Vergleich nur im Mittelfeld. Auch dieser Technik gegenüber gibt es unter Älteren manche Vorbehalte. Ähnlich war es bei Computern und ist es jetzt bei Pflegerobotern und selbstfahrenden Autos. Pflegeroboter werden vor allem in Japan entwickelt, selbstfahrende Autos in den USA. Auch beim E-Commerce, dem Shoppen im Internet, sind deutsche Firmen hintendran. Hier hat Amazon die Nase vorn und versucht jetzt sogar, im Lebensmittelgeschäft Fuß zu fassen.

»Comics sind nichts für dich« – die Vorbehalte gegenüber Medien in den 1970ern und 1980ern

Die Vorbehalte gegenüber neuen Medien sind in Deutschland nichts Neues. Schon im letzten Jahrhundert gab es zwischen Eltern und Kindern immer wieder Konflikte über die Frage, was gelesen, gehört oder angesehen werden durfte.

Ein wunderbares Beispiel sind die Comics. »Jetzt leg doch endlich mal Micky Maus weg«, »Du weißt doch, Lucky Luke ist nichts für dich«, »Nein, ein Marvel-Comic bekommst du Weihnachten auf keinen Fall!«. Es gab tatsächlich Zeiten, als Kinder und Jugendliche keine Comics lesen durften. Für uns ist das völlig absurd. Heutzutage werden Kinder sogar schon fürs Comic-Lesen gelobt – Hauptsache, sie lesen überhaupt.

Werden unsere Kinder in 30 Jahren unseren Enkeln im gleichen amüsierten Ton von den heutigen Verboten erzählen? »Minecraft fand meine Mutter immer schrecklich«, »Nach einer halben Stunde musste ich League of Legends ausmachen, mitten im Spiel!«, »Ich durfte mir zu Weihnachten kein Computerspiel kaufen, ich musste lesen«. Wer weiß? Vorstellbar ist es.

Bisher hatte jedes Zeitalter seine Medienverbote. Im deutschen Bildungsbürgertum waren und sind die Vorbehalte gegenüber der Moderne weit verbreitet und gelten als stilbildendes Merkmal, dass man zur Mittelschicht gehört. Lesen hat immer noch einen höheren Stellenwert als Hörbücher hören. Klavierspielen zu lernen gilt als wertvoller als eine App zu programmieren. Das klassische Buch zählt mehr als ein E-Book. In den 1950er und 1960er Jahren war es die Kritik am Fernsehen, das die Menschen angeblich vom Radio und dem »guten Buch« abhielt. Auch das Kino wurde erst salonfähig, als das Fernsehen es zu verdrängen begann. Das Gleiche wiederholte sich mit dem öffentlich-rechtlichen Rundfunk, als das Privatfernsehen sich etablierte. Und heute haben Eltern nichts dagegen, wenn ihre Kinder Fernsehen schauen, solange sie nicht Computer spielen. In gebildeten Kreisen gehörte es lange Zeit zum guten Ton, müde über Fortschrittsglauben und Wohlstandsbesessenheit zu lächeln.

Diese Medienkritik hat Tradition: Das 19. und auch noch das 20. Jahrhundert kannte das Leseverbot: »Lies nicht so viel, du verdirbst dir die Augen!« Dahinter steckte im besten Fall die Sorge um die Gesundheit bei vielleicht schlechter Beleuchtung, im schlechtesten Fall die Angst vor anstößigen Inhalten. *Lady Chatterfield* war auf dem Index für die Töchter aus höherem Hause. Sie sollten nicht auf dumme, sprich erotische Gedanken gebracht werden. Es gab aber auch die pragmatische Variante »Lies nicht so viel. Mach lieber etwas Nützliches!« wie Essen kochen, Hausarbeit, Stricken, Häkeln. Denn für Mädchen galt es vor allem, später eine gute Partie zu sein, nicht aber besonders klug zu werden.

Die männliche Version hieß Anfang des 20. Jahrhunderts ebenfalls: »Lies nicht so viel, Junge!« Dahinter steckte die absurde Angst, dass junge Männer, die zu viel erotische Bücher lesen, homosexuell werden könnten. Die Angst vor der »schleichenden Verweiblichung der Männer« wiederholte sich in den 1960er und 1970er Jahren beim Thema Mode und vor allem bei der Frisur. 1966 – im Zuge der Hippie-Kultur – erfand die Modebranche das Wort »Unisex«. Die Zeitschrift *Twen* textete daraufhin: »Jürgen will die Uschi sein.« Die Männermode wurde bunter und legerer. Und die Haare wurden länger. Ursprünglich waren Zottelmähne und langer Bart ein Zeichen des Protests und des Anti-Establishments.

Die Haare wurden in Deutschland vor allem nach den Erfolgen der Beatles länger. Und auch da kam es zu regelrechten

Kulturkämpfen in den Familien: Lange Haare bei ihren Söhnen wollten viele Eltern nicht. Die beliebten Bundeswehrparkas, die den Unisex-Stil unterstrichen, die schlabberigen Rollkragenpullover, die gefärbten Batik-Unterhemden – all das stand für die Jugendlichen für Freiheit, Internationalität und Coolness. Für die Eltern war das ein absolutes No-Go. Da hieß es dann: »Solange du deine Beine unter meinen Tisch stellst, bleiben die Haare kurz und die Musik aus!«

In diese Zeit passt auch das Verbot der Comics. Denn auch die gehörten für die spießigen, angepassten Eltern der Mittelklasse zum schlechten Einfluss der Studentenbewegung und der US-amerikanischen Konsumkultur. In Deutschland kam es zu einer sogenannten »Schmutz und Schund«-Kampagne, die ähnlich geartet war wie in den USA der 1950er Jahre. In dieser wurden Comics pauschal als Ursache für Unbildung und Verdummung der Jugend, als »Gift«, »süchtig machendes Opium« und »Volksseuche« bezeichnet. Die Forderungen der Kritiker waren ähnlich wie in den Vereinigten Staaten und gingen bis zu einem generellen Verbot von Comics. Erfüllt wurden diese jedoch nicht, der Bundesgerichtshof forderte eine konkrete Prüfung der einzelnen Darstellungen.

Die dafür neu gegründete Bundesprüfstelle für jugendgefährdende Schriften indizierte schließlich deutlich weniger Werke, als von den Kritikern gewünscht. Ebenso wie in den USA wurde in Deutschland eine Freiwillige Selbstkontrolle (FSK) gegründet, die Comics auf sittliche Verstöße und Gewalt prüfte und mit einem Prüfsiegel versah. Ähnliche Initiativen und Entwicklungen gab es auch in anderen europäischen Ländern. In der Folge galten Comics, insbesondere in Deutschland, seit den frühen 1950er Jahren als Inbegriff der Schundliteratur.

Die als Massenmedien verbreiteten Comics des 20. Jahrhunderts wurden als unterhaltende, also minderwertige Kunst gesehen. Seit den 1970er Jahren schwächte sich dies ab. Zum einen wurde Populärkultur allgemein immer weniger pauschal abgewertet, ihr Einfluss auf anerkannte Hochkunst nahm zu. Zum anderen haben Werke wie Art Spiegelmans *Maus – Die Geschichte eines Überlebenden* die öffentliche Sicht auf Comics verändert. Seitdem finden sich auch in Feuilletons Rezensionen von Comics, mittlerweile als Graphic Novels literarisch aufgewertet. In Deutschland und Österreich sind Comics seit den 1970er Jahren unterrichtsrelevant, sowohl als Thema im Deutsch-, Kunst- oder Sozialkundeunterricht als auch als Unterrichtsmittel in anderen Fächern.

In die Zeit der Comic-Verbote der 1970er Jahre fällt auch die Weigerung in manchen Familien, Monopoly zu spielen. Damals galt das eher harmlose Gesellschaftsspiel als Symbol der kapitalistischen, maßlosen Konsumwelt. In der Sowjetunion und deren Satellitenstaaten war es noch bis Ende der 1980er Jahre verboten. Obwohl dieses Brettspiel noch heute manch einem als Symbol eines pervertierten Kapitalismus erscheint, hatte seine Erfinderin ganz andere Intentionen. Sie wollte mit ihm eine Wirtschaftstheorie verbreiten, die Spekulationsblasen verhindern und für eine bessere Umverteilung sorgen sollte.

Die Geschichte von Monopoly beginnt dreißig Jahre, bevor es das erste Mal verkauft wurde. Elizabeth Magie, eine Schauspielerin und Spieleentwicklerin, meldete 1904 das Patent für ihr »Landlord's Game« an. Das Design des Spielbretts ähnelte bereits dem des späteren Monopoly, auch hier konnte man Land kaufen und mit der Pacht Geld einnehmen – und am Ende gewann der Spieler, der die anderen in die Pleite trieb. Magie war mit dieser ersten Version allerdings nicht sehr zufrieden, sie schien ihr noch zu raffgierig. Trotzdem setzte sich das Spiel durch und war bald aus keinem Haushalt Westeuropas und den

USA mehr wegzudenken. Heute gibt es das Spiel sogar mit Kreditkarten oder digital auf der PlayStation oder dem iPad.

Was bei den Jungen übrigens in den 1970ern der Kampf um die Haarlänge war, war bei den Mädchen der um die Kosmetika. Schminken galt vielen Eltern als vulgär oder kommerziell. Für die Jugendlichen war es ein Zeichen der Emanzipation. Zu dem Freiheitsgefühl der damaligen Zeit gehörte natürlich auch die Musik. Die Beatles brachten in den 1960er Jahren die Popmusik zur Massenkultur. Weil junge Deutsche nicht besonders stolz auf ihre nationale Zugehörigkeit waren und mehr Wert auf Internationalität legten, stürmten in Westdeutschland englische und US-amerikanische Hits die Charts. Laute Musik hören, in Discotheken gehen, in Clubs abhängen – all das war weiteres Konfliktpotenzial für die Eltern und Kinder dieser Zeit.

Aber kommen wir noch mal zu den Medien in den 1970ern und 1980er, den Jahrzehnten, in denen die Eltern der Kinder und Jugendlichen von heute erzogen wurden. In dieser Zeit veränderte sich das Medienverhalten komplett. Die Babyboomer, also die Kinder, die bis 1965 geboren wurden, waren allein mit Lesen, Radio hören und sehr reduziertem Fernsehkonsum aufgewachsen. Es gab die bekannten Kindersendungen wie *Daktari*, *Fury*, *Bonanza* oder für die Kleinen das *Sandmännchen*. Abends um 19 Uhr versammelte sich die gesamte Familie vor dem Fernseher, unter der Woche gab es dann *Dalli Dalli* oder *Der Große Preis*, am Wochenende Spiel- und Unterhaltungsshows wie *Spiele ohne Grenzen* oder *Wetten, dass …?*. Langweilig, aber beständig wie die gesamte alte BRD.

Anfang der 1980er Jahre traten Sat1, RTL und viele neue Privatsender im Radio ins Leben der Deutschen. Plötzlich hieß es abends nicht mehr: Schauen wir einen Film bei ARD, ZDF oder im 3. Programm? Von nun an gab es erbitterte Familiendebatten über den zu wählenden Kanal. Neue Begriffe wurden geboren:

das »Zappen« und die »VHS-Kassette«. Das Radio wurde zum neuen Leitmedium. Drei Stunden täglich hörte der statistische Westdeutsche 1990 Radioprogramme – ein echter Hörfunkboom, der sich trotz aller Unkenrufe bis heute gehalten hat.

Anfang der 1980er Jahre hielten dann auch die ersten Computerspiele, wie der Punkte fressende Pac-Man, Einzug in die Kinderzimmer. Einer der ersten PCs war der Atari. 1984 besaßen schon 24 Prozent der Haushalte mit Kindern einen Heimcomputer oder ein Telespielgerät, Ende der 1980er Jahre hatten mehr als 80 Prozent der Jugendlichen Erfahrungen mit Computerspielen. Schon damals gab es eine heftige Debatte über die Zerstörung der heilen Kinderwelt: Abhängigkeit, Süchte und Datenklau. Diese wurde aber schon bald abgetan, weil sich der Computer immer stärker als nützliches Arbeitsgerät durchsetzte.

Sogar in der links-alternativen Szene, die dem Computer zu Beginn sehr kritisch gegenüberstand, wurde er schließlich als beliebtes Kommunikationsmedium genutzt. Und das erste Mal tauchte auch die Gruppe der Hacker auf, und die sogenannten User waren geboren. Der »Chaos Computer Club« knackte 1981 den Code der Hamburger Sparkasse und transferierte 135.000 D-Mark auf das eigene Konto. Computerspiele entwickelten sich zu einem richtigen Hype und wurden bis in die 2000er zu einem der beliebtesten Weihnachtsgeschenke. Im beruflichen Alltag kam bald niemand mehr ohne einen PC und die Textverarbeitung aus. Gegen Ende der 1990er kam dann das Internet.

Zusammenfassend lässt sich also sagen: Jede Zeit hatte ihre Konflikte um die Frage, wie Kinder ihre Zeit verbringen sollten. Erstaunlich ist, dass viele Eltern sich heute an diese Konflikte nicht mehr erinnern und mit genauso rigiden Verboten und Unverständnis auf den Medienkonsum ihrer Kinder reagieren. Dabei soll hier nicht dem stundenlangen Computerspiel das Wort geredet werden. Es geht um Medienerziehung: Die Kinder und Jugendlichen müssen von klein auf lernen, mit digitalen Medien umzugehen. Dazu gehört auch, dass Eltern sich dafür interessieren, was ihre Kinder da machen. Dann besteht die Chance, dass Kinder früh differenzieren können, welche Spiele sinnvoll sind und welche nicht und wie viel Zeit sie online verbringen.

Big Data – die Angst vor den Algorithmen

Unter Eltern gibt es verständliche Ängste davor, mit was ihre Kinder im Internet konfrontiert werden: Pornoseiten, Hass-Postings, politisch extreme Meinungen, Bilder von Gewalt und Terror. Natürlich müssen wir unsere Kinder davor schützen und alles tun, um diese Seiten zu sperren, wenn jüngere Kinder im Internet surfen. Diese technischen Möglichkeiten gibt es, und Schulen und Privathaushalte nutzen sie. Auch das Medientraining für Kinder spielt eine große Rolle, damit sie wissen, wie sie sich in sozialen Netzwerken verhalten, um nicht von Fremden angesprochen zu werden oder Mobbing gleich im Keim zu ersticken.

Trotz all dieser Möglichkeiten hat das Internet in Deutschland immer noch einen denkbar schlechten Ruf. Verantwortlich dafür ist auch unsere Erfahrung mit Daten. Natürlich spielt in diesem Zusammenhang die Nazi-Zeit und die damalige Komplettüberwachung durch den Staat eine Rolle, aber auch die Erfahrungen mit den Notstandsgesetzen der 1960er Jahre. Der damals von der Großen Koalition verabschiedete Ausnahmezustand für Not- und Krisenzeiten war einer der Auslöser der Studentenunruhen von 1968. Er hat eine Skepsis gegenüber dem Staat verstärkt, die seit der Nazi-Zeit in vielen verankert war.

In Zeiten der Terrorfahndung gegen die RAF in den 1970er Jahren bekamen viele diese Gesetze zu spüren. Sie wurden bei geringstem Verdacht von der Polizei kontrolliert oder sogar festgehalten. Viele aus der 68er-Generation können ihren Enkeln Geschichten erzählen, wie sie – in ihrer roten Citroën-Ente unterwegs, mit Zottelbart, grünem Bundeswehrparka und Haarmähne – plötzlich von der Polizei angehalten und wie Verbrecher behandelt wurden. Den durchgestylten Enkeln muss man dann allerdings noch erklären, dass das damalige Outfit nicht als Modebeweis, sondern als Protestform galt.

Besonders deutlich wurde die Datenskepsis an der Geschichte der Volkszählung: »Zählt nicht uns, zählt eure Tage.« Zu Tausenden demonstrierten im Mai 1987 Bundesbürger gegen die geplante Volkszählung. Nichts verdeutlicht die Angst der Deutschen vor Daten so wie diese Auseinandersetzung. Es waren aufgewühlte Zeiten. Ein knappes Jahr zuvor war in Tschernobyl der größte anzunehmende Unfall der Atomgeschichte, der Super-GAU, passiert. Ähnlich wie der 11. September 2001 oder der 9. November 1989 haben sich die Bilder der Kernschmelze ins kollektive Gedächtnis eingebrannt. Selbst ein Jahr später durfte keiner Pilze im Wald sammeln, und Milch stand unter Generalverdacht. Die Angst vor den Folgen der radioaktiven Strahlung war greifbar.

In diese Katastrophenstimmung platzte der Staat mit seiner Idee einer Volkszählung. Schon vier Jahre zuvor sollte sie stattfinden, war aber vom Bundesverfassungsgericht gestoppt worden. Seitdem ist das Recht auf die eigenen Daten in Deutschland rechtlich verbrieft.

Und nun der zweite Anlauf für die Volkszählung: Jeder Bundesbürger sollte Besuch von einem Mitarbeiter der zuständigen Behörde bekommen und einen Fragebogen ausfüllen: Wer ihn sich mit 30 Jahren Abstand aus dem Internet herunterlädt, muss schmunzeln. Es ist ein bisschen so wie ein *Raumschiff Orion*-Film in Zeiten von *Star Trek*-Blockbustern in 3D. In der Ära von Facebook kommt dieser alte Fragebogen überaus harmlos daher: Da wird gefragt: Welche Staatsangehörigkeit haben Sie? Welche Religionszugehörigkeit? Wie viele Menschen wohnen in dieser Wohnung? Wie viele Zimmer hat sie? Welchen Schulabschluss haben die Bewohner?

Solche Fragebögen muss mittlerweile jeder ausfüllen, der eine Wohnung über die Plattform Airbnb zur Verfügung stellt oder eine Hausratversicherung online abschließt. Doch damals war es eine Riesensache. Bürgerinitiativen malten George Orwells *1984* an die Wand und riefen zum Boykott auf. Jeder sollte die Kennzahl oben rechts am Bogen herausreißen und damit die Volkszählung sabotieren. Der Vorwurf: Die Regierenden bespitzeln ihre Bürger. Es droht der Überwachungsstaat.

Dabei sollte die Volkszählung gerade ihm, dem Bürger, dienen. Es gab nämlich kaum Daten über die Wohnungsnot, über die Folgen der Individualisierung der Gesellschaft, über den Bedarf an Single-Wohnungen und darüber, wie viel Wohnraum jeder im Schnitt brauchte. Das Statistische Bundesamt zog im Jahr 2002 deshalb auch eine durchaus positive Bilanz der Volkszählung, denn sie brachte manche neue Erkenntnis: Es gab eine Million mehr Erwerbstätige und eine Million weniger Wohnungen, als man vor der Zählung angenommen hatte. Das waren wichtige Grundlagen für die Wohnungs- und Haushaltspolitik der 1990er Jahre.

Die Hälfte der Bundesbürger konnte das damals nicht so sehen. Jeder zweite war gegen die Volkszählung. Doch am Ende füllten so viele pflichtbewusste Staatsbürger den Bogen aus, dass verwertbare Daten herauskamen. Ähnlich verbissene Debatten wurden um den großen Lauschangriff ausgetragen, um das

Google-Projekt »Street View«, die Gesundheitskarte der Krankenversicherungen und den biometrischen Pass.

Mittlerweile ist das alles Schnee von gestern. Die meisten User klicken sich in Rekordgeschwindigkeiten durch die Geschäftsbedingungen von Google und Facebook, um schnell das Foto ihrer Liebsten zu sehen oder ein neues Katzenfoto posten zu können. Die Aufregung über Big Data ist eher ein Thema in den Feuilletons der überregionalen Zeitungen oder auf Podiumsdiskussionen. Die Fachwelt spricht sogar schon von der Post-Privacy-Gesellschaft, in der der staatliche und rechtliche Schutz von Privatsphäre für prinzipiell oder praktisch unnötig oder gar für unmöglich gehalten wird.

Erst die Debatte um die Hass-Postings und das Mobbing von Schülerinnen und Schülern hat eine neue Diskussion ausgelöst, wie wir Regeln im Internet installieren könnten. Der liberale britische Historiker Timothy Garton Ash fordert zum Beispiel eine neue Ethik im Internet. Er hält die Redefreiheit in seinem gleichnamigen Buch als eines der höchsten Güter der Moderne für gefährdet. Anders als im Vor-Internet-Zeitalter beschreibt diese Redefreiheit nicht mehr, dass alle fast alles sagen dürfen. Nein, heute kann eine Hate Speech in den USA eine Terrorwelle in Pakistan auslösen und umgekehrt.

Dass die Welt kleiner geworden ist, ist nichts Neues in Zeiten der Globalisierung. Neu ist, dass mit dem Internet nationale Grenzen aufgehoben werden, jedenfalls wenn es um die Meinungsfreiheit geht. Garton Ash bezeichnet Internet-Konzerne wie Google, Twitter und Facebook in seinem Buch als die wahren Entscheider der Welt. Sie entscheiden, welche User was im Netz posten dürfen: »Wenn dir dieses Urteil nicht passt – was dann? Es gibt kein höheres Gericht oder gewähltes Parlament, an das man sich dann wenden kann.«

Es gibt auch in Deutschland deutliche Hinweise, dass User

vom rauen Ton im Netz zunehmend genervt sind. Zunächst wurden Hass-Postings nur ignoriert, doch mittlerweile gibt es mehr und mehr Strafanzeigen. Auch im Netz selbst nimmt der Widerstand zu. Allerdings ist das alles von einer sozialen Bewegung weit entfernt. Und die Polizei ist bisher noch viel zu knapp ausgestattet, um wirklich Internet-Strafverfolgung zu betreiben. In Berlin zum Beispiel gibt es lediglich eine halbe Stelle für die Strafanzeigen gegen User in sozialen Netzwerken. Politisch werden verschiedene Modelle diskutiert. Das geht von härteren Strafen gegen Hass-Poster über eine verschärfte europäische Gesetzgebung bis hin zu einer deutschen Regulierungsbehörde, die analog zu der Atomaufsicht das Internet kontrolliert.

Das alles jedoch setzt voraus, dass es eine gesetzliche Grundlage gibt, um Facebook, Amazon, Google und Apple zur Kooperation zur verpflichten. Und da sind sich die Forscher einig: Die gibt es momentan nicht. Die großen Konzerne erweisen sich bislang als wenig kooperativ und kommunikationsbereit. Sie agieren quasi im rechtsfreien Raum – und leben damit sehr gut und erfolgreich. Höheren Gerichten oder Regierungen wollen sie sich nicht unterwerfen, so treten sie auch in Gesprächen auf. Da sich das Wettbewerbsrecht nur schwer auf sie anwenden lässt, ist momentan noch unsicher, wie solch ein regulierendes Gesetz im Internet überhaupt aussehen könnte – und wer es denn am Ende einfordert und beschließt. Einen ersten Vorstoß hat Deutschland mit dem sogenannten Facebook-Gesetz gestartet, mit dem die großen Konzerne gezwungen werden sollten, anstößige Postings zu löschen.

Hass-Postings sind derzeit in Deutschland sogar ein größeres Thema als die Angst vor Big Data, also vor dem Missbrauch unserer persönlichen Daten. Das liegt sicherlich daran, dass jeder, der bei Facebook unterwegs ist, unweigerlich auf Hass-Postings stößt. Dagegen stellt der Missbrauch der eigenen Daten ein eher theoretisches Thema dar. Auf jeden Fall ist international bekannt, dass die Deutschen sehr skeptisch gegenüber jeglicher Datenspeicherung sind. Und das, obwohl Algorithmen in unserem täglichen Leben eine immer größere – und nicht nur negative – Rolle spielen. Zusätzlich angeheizt wurde diese Skepsis durch den Whistleblower Edward Snowden, der die Sammelwut der NSA entlarvte. Dieser Abhörskandal ging weit über die Vorstellungskraft vieler, die bis dato noch nichts von Big Data und Algorithmen gehört hatten und stets annahmen, Deutschland sei eine sichere, datenkontrollierte Insel.

Genau hier kommt die Digitalisierung ins Spiel. In allen Bereichen der Internetkommunikation werden mittlerweile große Datenmengen umgewälzt. Amazon wickelt mit den drei weltweit größten Linux-Datenbanken jeden Tag mehrere Millionen Bestellungen im Datenvolumen von 50 Terabyte ab, Walmart verarbeitet in den USA eine Million Kundendaten pro Stunde. Facebook speichert mehr als 50 Milliarden Fotos pro Jahr. Möglich macht das die Erfindung von Algorithmen, die laut dem Züricher Kommunikationswissenschaftler Felix Stalder ähnlich funktionieren wie eine IKEA-Gebrauchsanleitung. Es sind Handlungsanleitungen, wie in einer endlichen Zahl von Schritten aus einer Kiste voller Einzelteile ein Möbelstück entsteht. Allerdings sind diese Anleitungen in einer formalen, abstrakten Maschinensprache verfasst.

Diese Algorithmen sortieren die Fülle des Internets vor und liefern uns die passgenauen Antworten. Es ist unmöglich, Milliarden Websites zu lesen. Deshalb sind wir auf die Angebote der Suchmaschinen angewiesen. Sie reduzieren die Fülle der Daten. Nicht wenigen stößt dabei allerdings sauer auf, dass wir nur vorsortierte Daten vorgesetzt bekommen, statt selbst eine Auswahl aus allem treffen zu können. Bei Facebook führt das dazu, dass sich die meisten nur noch in ihren eigenen Echoräumen bewegen und dadurch lediglich in ihren Meinungen bestätigt werden. Rede und Gegenrede finden nur noch selten statt. Das Internet hat zu einer Fülle von Meinungen, Daten, Partizipation und Diversifizierung geführt. Alle, die sich für bestimmte Dinge interessieren, können jetzt ihre Meinung posten oder sich informieren.

Natürlich gibt es nach wie vor Bundesbürger, die von all dem tapfer nichts wissen wollen. Die Online-Banking ablehnen und noch – für eine Gebühr von je 1 Euro – Postbank-Überweisungen am Schalter ausfüllen. Die sich sogar bei WhatsApp wieder abmelden, obwohl ein Großteil ihrer Freunde dort sind und der Dienst doch so praktisch ist. Und die nicht bei Facebook sind, weil sie mit ihrem Kaufverhalten oder ihren Vorlieben nicht die Werbewirtschaft bedienen wollen.

Ganz »Weitsichtige« (oder sollte man sagen: Panische) vermeiden sogar, ihre Zigaretten per Kreditkarte zu zahlen. Ihre Angst: Das könnte sie als Raucher entlarven – und falls Raucher irgendwann mal mit höheren Beiträgen bestraft werden, könnte ihnen eine teurere Krankenversicherung blühen. So futuristisch ist das auch gar nicht: Schon jetzt gibt es Ankündigungen von Versicherungen, ihre Tarife nach dem gesundheitlichen Wohlverhalten ihrer Kunden zu staffeln. Übergewichtige, Raucher und Alkoholiker müssten demnach deutlich mehr zahlen als schlanke, abstinente Nichtraucher.

Doch machen wir uns nichts vor. Eine Bürgerbewegung wie die gegen die Atomkraft oder die Volkszählung ist das nicht. Dazu ist das Online-Shopping viel zu bequem, das Recherchieren im Internet zu gewinnbringend und das Chatten zu unterhaltsam. Auch eine Jugendbewegung, die aus einem Protest heraus partout offline sein will, ist nicht abzusehen. Dafür ist YouTube viel zu sehr schon zu ihrem eigenen Sprachraum, zu ihrer eigenen Welt mutiert.

Im Gegenteil: Langsam dämmert uns auch in Deutschland, dass die Globalisierung unsere Kultur verändert. Und das liegt nicht allein am Internet, dieser Schluss wäre zu kurz gegriffen. Die Veränderungen haben – und Deutschland ist da beispielhaft – schon seit den 1960er Jahren begonnen, seit der Frauen-, der Schwulen-, der Anti-Atomkraft- und der Friedensbewegung. Das alles sind soziale Bewegungen, die den Blick auf die vielfältigen Interessen in unserer Gesellschaft weiteten, die Rechte für Minderheiten erstritten und ihnen ein Sprachrohr gegeben haben. Die sogar – wenn auch um Jahrzehnte verzögert – zu einem Ausstieg aus einer Risikotechnologie wie der Atomkraft führten und erneuerbare Energien und Biolebensmittel zu wichtigen Wachstumsmotoren machten.

Mit dem Internet konnten all diese Bewegungen ihre Kultur verbreitern. Der Kommunikationsforscher Felix Stalder spricht von einer *Kultur der Digitalität*. Sie ist die Folge »eines weitreichenden, unumkehrbaren gesellschaftlichen Wandels, dessen Anfänge teilweise bis ins 19. Jahrhundert zurückreichen.«

Damit meint er auch die zunehmende Individualisierung der Gesellschaft. Die dörfliche Gemeinschaft, die Religionszugehörigkeit, traditionelle Rituale – all das zählt in der Welt des 21. Jahrhunderts nicht mehr viel.

In unserem Jahrhundert ist der Einzelne seines Glückes Schmied und muss sich seinen eigenen Lebenslauf basteln. Das bietet Chancen, macht aber auch Angst und lässt viele nach einfachen Lösungen rufen. Der Ausgang der US-amerikanischen Wahlen 2016 und ein Donald Trump als Präsident sind nur eine Folge davon. Der britische Soziologe Colin Crouch hat diese Entwicklung weitsichtig schon vor zehn Jahren in seinem Buch »Postdemokratie« vorhergesehen, als »ein Gemeinwesen, in dem zwar nach wie vor Wahlen abgehalten werden [...], in dem allerdings konkurrierende Teams professioneller PR-Experten die öffentliche Debatte während der Wahlkämpfe so stark kontrollieren, dass sie zu einem reinen Spektakel verkommt, bei dem man nur über eine Reihe von Problemen diskutiert, die die Experten zuvor ausgewählt haben.«

Und in der es nur darum geht, die Emotionen des Wahlvolks anzusprechen und sie damit zu manipulieren. Der Trump-Wahlkampf lässt grüßen!

Als Wort des Jahres 2016 ist der Begriff »postfaktisch« gewählt worden. Das bedeutet, dass Fakten keine Rolle mehr spielen. Es geht nur noch darum, möglichst banale Botschaften auf unterhaltsame Weise zu vermitteln. Das Ganze erinnert mehr an ein antikes Spektakel im Kolosseum als an eine demokratisch legitimierte Wahl. Colin Crouch nennt diese neuartige Regierungsform, die wir an einer Welle nationalistisch orientierter Regierungen in Europa und den USA beobachten, Postdemokratie.

Zwar können sich alle äußern, sind permanent online und haben Zeit und Gelegenheit, ihre Meinungen kundzutun. Doch die Entscheidungen treffen einige wenige. Schon in den 1980er Jahren hatte die damalige britische Regierungschefin Margret Thatcher ihre Politik mit dem Ausspruch gerechtfertigt: »There ist no alternative!« Auch die deutsche Kanzlerin Angela Merkel bezeichnete die Politik etwa gegen die griechische Finanzmisere als »alternativlos«.

Diese Sprache führt nach Ansicht von Experten dazu, dass Bürger sich immer mehr von der Politik entfernen, weil sie nicht mehr glauben, dass sie etwas bewegen können. Die rechten Parteien bekommen Zulauf, die Zahl der Nicht-Wähler steigt. Außerdem richtet sich der Unmut zunehmend gegen privilegierte Eliten, denen die Schuld an der diffusen, komplexen Weltlage und der eigenen Ohnmacht gegeben wird. Für Crouch ist entscheidend, dass 70 Jahre nach dem Zweiten Weltkrieg der

Begriff der Nation wieder gesellschaftsfähig geworden ist. Für Deutschland befürchtet er übrigens nicht das Schlimmste. Das betonte er mir gegenüber, als ich ihn im Spätherbst 2016 in Köln interviewte. Er glaubt, dass die Deutschen so viel aus der Nazi-Zeit gelernt haben, dass sie nicht wieder auf einen nationalistischen Führer hereinfallen.

Im Netz selber lässt sich eine ähnliche Bewegung beobachten. Viele reden mit, aber wenige haben etwas zu sagen. Was pornografisch, politisch extrem oder sexistisch ist, entscheidet eine Abteilung bei Facebook, keine demokratisch gewählte Regierung. Auch die Möglichkeit für uns datenkritische Deutsche, auf unsere Daten Einfluss zu nehmen, ist sehr begrenzt. Wenn man drin ist, ist man drin. Eine Abstufung findet nicht statt.

Eine Art der sozialen Bewegung ist derzeit lediglich das »Leaken«, also die Veröffentlichung von algorithmischen Daten und die Aufdeckung von Skandalen etwa bei WikiLeaks oder den Luxemburg-Leaks. Letzteres ist ein 28.000 Seiten umfassendes Datenpaket, das das Ausmaß geheimer Steuerabkommen zwischen nationalen Behörden und multinationalen Unternehmen belegt und von einer Recherchekooperation von Süddeutscher Zeitung, NDR, WDR und internationalen Medien aufgedeckt wurde. Ein weiteres Beispiel ist die Steuerhinterziehung von Weltfußballern wie Lionel Messi und Mesut Özil, die durch einen Datenabgleich aufgedeckt wurden.

Bemerkenswert ist, dass die Digitalisierung erst jetzt so breit diskutiert wird, obwohl sie schon seit Jahren unseren Alltag beeinflusst. Der Kommunikationswissenschaftler Clay Shirky erklärt sich das so: »Kommunikationsmittel werden dann sozial interessant, wenn sie technisch langweilig werden«.

Erst jetzt, wo fast jeder Bundesbürger ein Smartphone besitzt, merken wir, wie Kultur und Gesellschaft durch die Kultur der Digitalität geprägt sind. Das Phänomen ist übrigens nicht neu. Bei allen technologischen Revolutionen wurde den Menschen erst klar, was sich alles in ihrem Leben verändert, als die Technik längst eingeführt war.

Insofern kommen die jetzigen Rufe nach mehr Datenschutz fast zu spät. Leben wir also wirklich schon in dem Post-Privacy-Zeitalter? In Deutschland sicherlich noch nicht. Praktiken wie in Dänemark, wo an jeder Supermarktkasse die Einkäufe gescannt und der Sozialversicherungsnummer des Käufers zugeordnet werden und die Gesundheitsbranche Informationen über den Zusammenhang von Big Macs und Diabetes erhält – so etwas ist bei uns bis auf Weiteres unvorstellbar. In Kopenhagen dagegen wurde diese Studie vor zwei Jahren mit viel Beifall vorgestellt. Die Dänen sammeln seit einigen Jahren alle Kaufdaten ihrer Bürger und konnten bereits erste Schlüsse zwischen Einkäufen und Krankheiten ziehen.

Aber was ist, wenn das Robert-Koch-Institut Daten von Google kauft, um die Grippeepidemie in Deutschland besser vorhersagen zu können, um damit Hunderten von Menschen das Leben zu retten? Unvorstellbar? In anderen Ländern ist das bereits denkbar. Als lange unmöglich galt für viele hierzulande ja auch, dass Maschinen Texte schreiben oder Bilder analysieren. Doch auch dazu sind Computer mittlerweile in der Lage. In den USA gibt es seit 2010 einen Algorithmus, der Baseballspiele analysiert – eine Kampfansage an jeden Sportreporter. Stellen Sie sich vor, die Bundesliga-Spiele würden nicht von Reportern kommentiert, sondern von einem Computer? Gewöhnungsbedürftig!

Was auffällt: Seitdem Algorithmen auch die Jobs des Bildungsbürgertums betreffen, hat die Katastrophenstimmung das

Thema Digitalisierung erreicht. Eine absolute Provokation war in diesem Zusammenhang eine Prognose von Kristian Hammond, dem Technologiechef von Narrative Science. 2012 behauptete er, ein Algorithmus könne in fünf Jahren erstmals den Pulitzer-Preis gewinnen. Recht hat er nicht bekommen, aber er jagte den Literaturkritikern der USA einen gehörigen Schrecken ein.

Aber: Sogenannte Bots haben bereits Wikipedia erreicht. In Deutschland sind Artikel, die nicht von Menschen verfasst wurden, bisher verboten. In Schweden aber hatte bereits 2013 ein einzelner Bot mehr als 200.000 Artikel angelegt.

Unsere Vorstellung von Datenschutz und Privatsphäre wird noch einige Zeit dafür sorgen, dass Algorithmen in Deutschland eine geringere Rolle spielen als in anderen Ländern. Irgendwann aber wird es so kommen wie bei den Geschäftsbedingungen von Google auf unserem Smartphone. Wir stimmen ganz schnell all den Neuerungen zu, um an die interessanten Segnungen der Digitalisierung zu kommen. Die kritischen Töne werden dann weiterhin lediglich in den Medien erklingen.

Eine Offline-Bürgerbewegung wird es nicht geben. Für die »Internet-Paranoia« vieler Eltern bedeutet das: Information ist alles. Umso wichtiger ist es zu wissen, was im Netz los ist, was gerade bei den Kids angesagt ist und wie man sie effektiv vor schlechtem Einfluss schützen kann. Es ist aber auch wichtig zu wissen, wie man die interessanten, schönen, tollen, coolen Seiten des Internets genießen und nutzen kann – zum Spaß, zum Lernen.

Ein Blick in die digitale Zukunft – Konrad, 89 Jahre

Sontra machte noch nicht lange Schichtdienst im Supervisions-Raum von »Haus Mutterland«, aber wie alle anderen Pflegerinnen und Pfleger hatte sie einen Lieblingspatienten. Wobei, Pflegerinnen: Es war reine Tradition, dass sie sich immer noch so nannten. In der Stellenbeschreibung stand »Service Bot Surveillance«, aber sie fand, dass sie mehr war als jemand, der einfach nur auf einer Reihe von Screens Servicerobotern dabei zusah, wie sie Patienten versorgten. Ein bisschen schien ihr, als wären die »Diensteinheiten«, wie die Roboter auch genannt wurden, eine Verlängerung ihrer selbst, und wenn sie zusah, wie eine der Einheiten eine Patientin im Bett wendete, meinte sie, das Gewicht der alten Dame in den eigenen Armen zu spüren.

Jetzt aber beobachtete sie Patient 42, Konrad Elfmann, 89 Jahre alt, leichte Demenz, körperlich kaum eingeschränkt, aber ein wenig unbeweglich, melancholisch vielleicht nur. Die Heimärzte hatten ihn auf Depressionen untersucht, aber nicht genug Marker festgestellt für eine Medikation.

›Vielleicht ist er einfach nur traurig‹, dachte Sontra. ›Und damit müssen wir uns abfinden: Dass das, was objektiv traurig ist, die Leute weiterhin betrübt, egal, wie angenehm wir ihnen ihre Umgebung machen und wie intensiv wir uns um sie kümmern können. Alt zu sein, nicht mehr selbstbestimmt leben zu können, nur ein, zwei Mal die Woche Besuch von der Familie zu bekommen: Das war rein objektiv kein Anlass zur Freude.‹ Sontra, die Verfahrenstechnik studiert hatte, bevor sie sich für einen Umweg in die Pflegeindustrie entschieden hatte, hielt viel von objektiven Betrachtungsweisen.

Trotzdem merkte sie, dass der alte Konrad Elfmann sie beschäftigte. Manchmal fing er richtig an zu spinnen. Die

Diensteinheit hatte bei ihm nicht viel mehr zu tun, als das Essen zu bringen, aufzuräumen, ihm Kleidung rauszulegen und ihm bei der Körperpflege und beim Ankleiden zu assistieren. Die Versuche, sich mit Elfmann zu unterhalten, hatte die Serviceeinheit eingestellt: »Nenn mich Modoufey«, hatte er immer wieder zu ihr gesagt, und die Einheit war nicht darauf programmiert, neue Namen zu lernen. Eigentlich eine Schwäche der Software, fand Sontra: Ihnen konnte es doch egal sein, wie die alten Leute angeredet werden wollten. Aber wie gesagt, der alte Elfmann war nicht ganz zurechnungsfähig. »Darf ich spielen?«, sagte er immer wieder, aber wenn die Einheit ihm den »Neuro-Racer« oder etwas, das sie neu im Menü hatten, auf dem Bildschirm in seinem Zimmer aktivierte, wandte Elfmann sich ab und sagte, der »Neuro-Racer« sei »lame« und nur etwas für »n00bs«. Wenn sie das durch die audiovisuelle Übertragung hörte, musste Sontra lachen. Die altmodischen Ausdrücke der ersten Generation, die sich »Digital Natives« genannt hatten, amüsierten sie.

Jetzt sah sie auf ihrem Bildschirm, dass der alte Elfmann sich zur Diensteinheit hinüberlehnte, die gerade mit dem abgeräumten Tablett seinen Raum verlassen wollte. Die feine Sensorik des Service-Bots reagierte sofort und veranlasste ihn, innezuhalten. Mit einem Kopfnicken regelte sie die Lautstärke nach oben, um besser hören zu können.

»Darf ich ans Gerät?«, fragte der alte Elfmann.

»Sicher, Herr Elfmann«, sagte die Serviceeinheit mit ihrer wohlklingenden, aber merklich mechanischen Stimme. Sie hatten festgestellt, dass die Patienten zurückschreckten, wenn die Stimmen der Serviceeinheiten zu menschlichen wurden. »Ich richte Ihnen gern eine Session ›Neuro-Racer‹ ein.«

»Das meine ich nicht, und nenn' mich Modoufey«, sagte der alte Elfmann.

»Modoufey«, sagte die Serviceeinheit neutral, »der Name ist mir unbekannt. Was möchten Sie am Gerät …«

»Ich meine nicht dieses Gerät da«, sagte Konrad Elfmann und gestikulierte in Richtung der sprachgesteuerten Unterhaltungseinheit unter dem Bildschirm an seiner Wand. »Ich meine mein eigenes … also, von zu Hause, ich hab doch … Ich meine …« Er rang nach dem richtigen Wort. Es war ihm entfallen und kam nicht zurück.

»Ich bin jederzeit für Sie da, wenn Ihnen einfällt, was Sie sagen wollen«, versicherte die Serviceeinheit und setzte sich Richtung Tür in Bewegung. »Sie müssen nur den …«

»… den Sensor, ich weiß«, sagte Elfmann und rieb sich die Stirn. Dann war er allein im Raum. Gerade wollte Sontra den Ton wieder abregeln, um der Diskretion willen und weil es so in den Vorschriften stand, als sie hörte, wie er leise zu sich selbst sagte: »Ich will meine … Also, das Gerät, ich möchte ans Gerät. An die PlayStation.« Im Supervisionsbildschirm sah sie, dass sein Gesicht sich aufhellte, aber auch, dass er in diesem Moment niemanden hatte, dem er sein Gesicht hätte zuwenden können.

»PlayStation«, sagte er noch einmal, erleichtert, aber resigniert.

Am nächsten Tag kam sie schon eine Viertelstunde vor Schichtbeginn. Sie steckte den Kopf in den Supervisionsraum und sagte zu Calvin, der vor ihr Dienst hatte: »Ich geh kurz zu Konrad Elfmann, ja?«

»Guten Morgen. Wie nett, ich wusste gar nicht, dass du freiwillige Betreuung machst«, sagte er. »Ich dachte, du hättest keine Zeit dafür, außerhalb der Arbeit.«

Sie nickte. Das stimmte auch, denn es behagte ihr nicht, ihre Arbeit nach oder vor ihrer Schicht quasi umsonst zu machen, auch wenn das »Haus Mutterland« für derlei freiwillige Beiträge ein kompliziertes Kompensationssystem hatte: Alle wussten, dass menschlicher Kontakt für die Patienten nach wie vor wichtig war, auch wenn ihn niemand angemessen bezahlen konnte.

»Eine Ausnahme«, sagte sie und schwenkte den altmodischen Jutebeutel, den ihr Nachbar ihr dazugegeben hatte. »Und ich bringe Geschenke.«

»Da wird der alte Elfmann sich freuen«, sagte Calvin. »Heute morgen hat er schon wieder die Serviceeinheit angepampt.«

Sie nickte, schloss die Tür, nahm die Treppe zur Patientenebene und fand auf der Mitte des B-Ganges das Zimmer von Konrad Elfmann. Sie klopfte an und trat ein.

Er wandte ihr den Kopf zu, und sie merkte, dass er erstaunt war, keine Serviceeinheit zu sehen.

»Herr Elfmann«, sagte sie und reichte ihm den Jutebeutel, besorgt, ob er vielleicht zu schwer sein könnte. »Ich habe gehört, dass Sie unsere Spiele nicht mögen. Ich habe Ihnen was mitgebracht. Der Großvater meines Nachbarn hatte die in seinem Nachlass. Und den ganzen anderen Kram.«

Sie stützte seinen Unterarm, als er die fünfzig Jahre alte PlayStation, den matt abgeriebenen Controller, die vorsintflutlichen Kabel, ein Headset und ein paar Spiele auf alten silbernen DVD-Scheiben hervorzog. »Mein Mädchen«, sagte er, obwohl sie fast vierzig war, »Sie können ja Gedanken lesen.«

»So ungefähr«, sagte sie. Dann beobachtete sie, wie er mit geschickten Fingern das Gerät aufbaute und unter dem Headset verschwand, als hätte er nicht jahrzehntelang eine Pause gemacht. Muskelerinnerung. Dann wurde sein Blick leer.

»Keine Sorge«, sagte sie und beugte sich über den Controller, bis der Bildschirm aktiv wurde. Ich habe ein bisschen recherchiert. Sie sind nicht der Einzige. Es gibt ein ganzes Silver-Netzwerk. Was war Ihr Lieblingsspiel?«

»Mein Lieblingsspiel?«

»Was haben Sie früher immer …«

146

»Overwatch.« Sie zuckte die Achseln, tippte den Namen des ihr fremden Spiels in die Maske, lud das Spiel und die entsprechenden Verbindungen über Quartzfaser und reichte ihm den Controller. Sie sah, wie seine Finger bereits die Tasten bedienten, obwohl er den Blick noch auf sie gerichtet hatte.

»Danke«, sagte er, aber nur noch mit halbem Mund: Er hatte schon Kontakt zum Netzwerk über das Mikrofon des Headsets. Als sie den Raum verließ, hörte sie, wie er sagte: »Leute, ist jemand da? Hier ist Modoufey, und ich hoffe, ihr habt ordentlich geübt in den letzten fünfzig Jahren, denn jetzt mach ich euch fertig.« TR

5. Deutschland im Jahr 2030 – ein angstfreier Ausblick

Wir Deutschen sind nicht generell technikfeindlich, auch wenn das zuweilen unser Ruf ist, ausgelöst durch die Kämpfe um Atomenergie und Gentechnik. Auch die Demonstrationen gegen das Transatlantische Freihandelsabkommen (TTIP) stießen bei uns auf großen Widerhall. Diese vermutete generelle Technikkritik lässt sich aber wissenschaftlich nicht halten. Allerdings zeigen wir – das haben ja die letzten Kapitel gezeigt – Vorbehalte gegen bestimmte Technikbereiche. Dazu zählt die Digitalisierung, außerdem die Gentechnik, die Biotechnologie und ethisch heftig diskutierte neue Technologien wie das »Social Freezing«.

Bleiben wir bei der Digitalisierung: Wie wird sich unser Leben konkret in den nächsten 15 Jahren verändern? Stimmen jene Bilder und Visionen, die uns Hollywood-Regisseure im Kino präsentieren? Oder wird es alles halb so schlimm? Haben wir in Deutschland überhaupt die Möglichkeit, uns den Grad der Digitalisierung zu wünschen? Laufen wir alle mit VR-Brillen durch die Straßen und sehen in unserer Google-Brille gleich den Lebenslauf unseres Gegenübers? Lesen unsere Enkel gar nicht mehr und haben Hornhaut an ihrem Daumen, mit dem sie auf ihr Smartphone einhacken? Müssen wir nicht mehr schreiben und sprechen nur noch? Halten wir unseren Arm ans Türschloss, damit der darin implantierte Mikrochip die Haustür öffnet?

Vorstellbar ist vieles, darunter auch einiges Gruseliges. In diesem Kapitel geht es um jene Entwicklungen, die mit einiger

Wahrscheinlichkeit kommen werden. Wie werden sie sich auf unser alltägliches Leben auswirken? Wagen wir gemeinsam einen Blick auf unser Leben im Jahr 2030. In welchen Bereichen wird sich unser Leben konkret verändern?

Mobiles Internet: Auch wenn das zunächst nicht gerade bahnbrechend klingt: Das Internet macht uns mobiler. Wir werden weltweit ins Netz gehen können, und zwar mit immer kompakteren und zugleich leistungsfähigeren Endgeräten. Damit einher geht der permanente Zugang zu Wissen, also zu Datenbanken, Suchmaschinen und so weiter. Im Smartphone stecken ganze Bibliotheken, dazu Unmengen an Musik, Hörbüchern und Filmen. Wir haben permanent alles dabei. Dazu gehört die Erweiterung der Cloud-Technologie. Wenn ich das Foto auf dem Smartphone mache, ist es auch gleichzeitig auf meinem Computer im Büro oder auf dem Laptop.

Internet der Dinge: Wenn Sie heute eine neue Pfanne oder einen neuen Fernseher kaufen, können sie die Nummer des Produkts im Internet eingeben. Wozu das gut ist? Momentan noch zu herzlich wenig. In Zukunft sollen Garantie, Reklamationen und Nachbestellungen deutlich schneller und effizienter funktionieren, wenn die Produkte gespeichert sind.

Roboter: Mit dem süßen, einfühlsamen R2-D2 aus *Star Wars* können die Serviceroboter der Zukunft zwar noch nicht konkurrieren, dafür haben sie zu wenig Gefühl. Aber es wird sie geben, mehr und mehr: im Pflegebereich, in der Kantine, im Krankenhaus. Sie bedienen, heben und tragen. In der Fabrik 4.0 sind die helfenden Arme nicht mehr wegzudenken, in diesem Bereich ist Deutschlands Maschinenbau sogar führend. Roboter werden in Zukunft zusätzlich verstärkt bei gefährlichen Arbeiten eingesetzt: bei der Sanierung von Altlasten, für Arbeiten mit radioaktivem Material, in Müllverwertungsanlagen und Kraftwerken.

Selbstfahrende Autos: Die Sommerreise nach Frankreich oder Italien steht an. Das fahrerlose Taxi-Elektroauto steht vor der Tür und bringt die Familie pünktlich zum Bahnhof. Dort wird das Gepäck automatisch eingeladen. Die Tickets sind zu Hause online vorbestellt. Der Zug fährt – ebenfalls fahrerlos – automatisch ans Ziel. So oder so ähnlich wird es in zehn bis fünfzehn Jahren funktionieren. Auch Produkte auf der Autobahn werden von selbstfahrenden LKW transportiert, der DHL-Bote für hochwertige, kleine Güter ist eine Drohne.

3-D-Druck: Bei der ARD-Fernsehsendung *Verstehen Sie Spaß?* wurden noch vor einiger Zeit Zuschauer aufs Korn genommen, weil Büroangestellte ihre Pizza per 3-D-Drucker bestellten. Pizzen werden es wohl nicht sein, die in einigen Jahren fertig belegt aus dem Gerät herauskommen. Dafür aber Zahnersatz, Prothesen, Hüftgelenke – manche Chirurgen träumen sogar schon von der 3-D-Leber oder -Niere. Aber das ist noch abgefahrene Zukunftsmusik.

Nachfolgend ein paar Einblicke in unsere Zukunft und die unserer Kinder. Das sind Szenarien, die auch in Deutschland denkbar sind und sicherlich unseren Alltag beeinflussen werden.

Digitalisierte Medizin –
Der Arzt kommt auch aufs Dorf

Stellen Sie sich vor, Sie wachen morgens plötzlich mit einem fiesen Ausschlag am ganzen Körper auf, der immer schlimmer juckt. Sie gehen zu Ihrem Hausarzt: Der macht ein Foto von den Pickeln, scannt das Foto ein und erhält Hinweise, was das für eine Erkrankung ist und welches Medikament helfen könnte. Oder: Sie wohnen auf dem Dorf und gehen mit ihrem Röntgenbild zum Internisten in der nächsten Kreisstadt. Der ist sich unsicher, wie schwerwiegend Ihre Erkrankung ist, und zieht per Videokonferenz und Online-Datenübermittlung einen Spezialisten zurate.

In zehn bis fünfzehn Jahren sind diese Szenarien nicht mehr nur denkbar, sondern wahrscheinlich. Die digitale Medizin macht so große Fortschritte, dass Experten hier die größten sichtbaren Veränderungen erwarten. Der erste wichtige Bereich ist die Unterstützung der Ärzte durch große Datenbanken. Schon jetzt wird Künstliche Intelligenz (KI) für die Krebserkennung genutzt. Der Computer kann Bilder von Patienten mit einem ähnlichen Tumor suchen und dem Arzt präsentieren, gekoppelt mit den jeweiligen Patientengeschichten und Behandlungsoptionen. Computer werden dabei immer mehr zu kognitiven Assistenten, die Ärzte, Pfleger und Schwestern entlasten. Erste Studien zeigen, dass die Leistung des medizinischen Personals steigt, wenn sie von KI-Programmen unterstützt werden.

Die USA und Japan sind bei der digitalen Medizin führend, aber auch in Deutschland gibt es Erfolge. Um anhand von Bildaufnahmen zu prüfen, wie sich ein Tumor im Laufe einer Krebstherapie entwickelt, sind Ärzte bislang vor allem auf ihr Augenmaß angewiesen. Seit einiger Zeit gibt es eine vom Fraunhofer-Institut für Bildgestützte Medizin MEVIS in Bremen entwickelte Software, die Veränderungen in den Bildern sichtbar macht und Medizinern die Arbeit erleichtert.

Ist ein Tumor im Laufe einer mehrmonatigen Behandlung geschrumpft, oder haben sich in der Zwischenzeit gar neue Geschwulste entwickelt? Um Fragen wie diese zu klären, werten Ärzte unter anderem CT- und MR-Aufnahmen aus. Meist werden die Tumoren dabei nur visuell bewertet und neue Geschwulste manchmal übersehen. »Unser Programmpaket erhöht die Sicherheit bei der Vermessung und Nachverfolgung der Tumoren«, erläutert Frauenhofer-Forscher Mark Schenk. »Die Software kann zum Beispiel erfassen, wie sich das Volumen eines Tumors im Laufe der Zeit verändert und unterstützt die Ärzte beim Aufspüren neuer Geschwulste.« So heißt es im Informationsdienst vom November 2016.

Das Besondere: Um die Ergebnisse zu verbessern, verwendet die Software »Deep Learning« – eine neue Art des maschinellen Lernens. Diese neuen Deep-Learning-Ansätze versprechen bessere Ergebnisse.

Ein weiteres Einsatzfeld ist die sogenannte Bildregistrierung. Hier bringt eine Software verschiedene Aufnahmen, die zu unterschiedlichen Zeiten gemacht wurden, so zur Deckung, dass sie die Mediziner direkt vergleichen können. Hierbei kann sie das maschinelle Lernen bei einer besonders schwierigen Aufgabe unterstützen – dem Aufspüren von Knochenmetastasen in Aufnahmen des Oberkörpers, auf denen Hüftknochen, Rippen und Wirbelsäule zu sehen sind. Bislang werden diese Metastasen wegen des in Krankenhäusern herrschenden Zeitdrucks oft übersehen. Deep-Learning-Methoden können helfen, sie zuverlässig zu entdecken und damit die Therapiechancen zu verbessern.

Auch in Entwicklungsländern wird Telemedizin in der Zukunft von unschätzbarem Wert sein. In vielen Ländern herrscht ein ausgeprägter Ärztemangel. Es gibt keine Mediziner, die beispielsweise auf das Röntgenbild schauen können, wohl aber Internetzugang und Browser. Eine webbasierte Lösung könnte Abhilfe schaffen, indem sie eine Bewertung der Bilder und Zweitmeinungen aus der Ferne ermöglicht. Relevant könnte auch der Einsatz moderner Computeralgorithmen sein, die bestimmte Auffälligkeiten in den Bilddaten automatisch erkennen.

»Diese Algorithmen könnten zum Beispiel erkennen, ob es in einem Röntgenbild Verdachtsmomente auf Tuberkulose gibt oder ob im Ultraschallbild einer Schwangeren Auffälligkeiten auftreten«, erklärt Fraunhofer-Forscher Horst Hahn. »Der Computer würde keine fertige Diagnose erstellen, sondern nur die Empfehlung geben, eine Klinik aufzusuchen und den Befund dort abklären zu lassen.«

Der Vorteil solcher Algorithmen: Sie könnten eine Vielzahl von Bildern automatisiert vorbewerten, was gerade in Regionen ohne ausgebildetes medizinisches Personal ein Fortschritt wäre.

Über das Informationssystem PubMed gelangen Ärzte heute bereits an über 12 Millionen Quellen. Bisher ist der Filter allerdings noch nicht präzise genug. Will der Arzt ein Symptom abgleichen, bekommt er gleich endlose Artikellisten. Das Recherchesystem Meva ist ein Algorithmus, früher hätte man gesagt ein Schlagwortkatalog, der diese Suchergebnisse analysiert und handelbar macht.

Durch die Medien gegangen ist das Programm von Google namens Google Flu, bei dem der US-Konzern dank ausgewerteter Daten seiner Nutzer Grippeepidemien vorhersagen konnte. Auch solche medizinischen Programme, die bei Seuchen von Vogelgrippe bis Masern vorstellbar sind, entwickeln sich dank immer größerer Datenspeicherplätze immer schneller und effizienter. Aber auch weniger spektakuläre, aber notwendige

Programme machen Fortschritte – zum Beispiel die Vereinheitlichung von medizinischem Vokabular, sodass die Programme Artikel aus unterschiedlichen Ländern einander zuordnen können.

Wenn Sie heute zu Ihrem Hausarzt gehen, wird der Ihnen raten, bloß nicht im Netz nach Ihrer Erkrankung zu googeln. Denn dort finden sich viele beängstigende User-Informationen, bei denen nicht auf den ersten Blick zu erkennen ist, wie fundiert sie sind. Diese Informationen werden in Zukunft stärker systematisiert und damit auch nützlicher für den Verbraucher. Schon heute gibt es im englischsprachigen Raum mit »www.patientslikeme.com« eine große Community, die sich austauscht. 325.000 Mitglieder diskutieren derzeit mehr als 2.500 Erkrankungen, unterstützt von medizinischen Fachinformationen, die von den Betreibern der Website gecheckt und systematisiert werden. Vorstellbar ist, dass ein Programm dem Patienten eine Liste vertrauenswürdiger Websites zusammenstellt, wenn er nach einer Erkrankung fragt. In Deutschland hat das unabhängige Institut für Qualität und Wirtschaftlichkeit im Gesundheitswesen vom Bundesgesundheitsministerium den Auftrag bekommen, eine entsprechende Website aufzubauen. Schauen Sie mal rein: www. gesundheitsinformation.de. Hier sind schon einige Krankheiten aufgelistet, inklusive Therapieangeboten.

Auch die sogenannten Fitnessarmbänder werden in einigen Jahren mehr leisten können, als den Blutdruck anzuzeigen oder das Sportprogramm zu speichern. Schon jetzt gibt es Programme, die Diabetikern bei der Insulinregulierung helfen. Sie checken regelmäßig den Blutzucker und erinnern den Patienten an die Insulinspritze. Derzeit geben die Fitnessarmbänder nur allgemeine Hinweise wie: »Laufe 10.000 Schritte am Tag.« Oder: »Mache zehn Kniebeugen.« Für einen übergewichtigen, herzkranken Menschen kann das schon viel zu viel sein. Software, die auf Künstlicher Intelligenz fußt, bietet hier die Chance, ein individualisiertes Programm zu erstellen. Weitere tragbare digitale Helfer sind Babystrampler, die die Körpertemperatur messen, was in der Frühchen-Pflege eine Hilfe sein kann. Ähnliche »Körperfühler« werden auch schon für Seniorenkleidung getestet.

Noch sehr futuristisch ist die Vorstellung, dass direkt ins Gehirn dementer Menschen eine Art Gehirn-Schrittmacher eingepflanzt wird. Er soll jene Teile des Gehirns unterstützen, die erkrankt sind. Ein erster Prototyp wurde 2012 einem Patienten in den USA implantiert. Er sendet kleine Signale an das Gehirn, um die übersteigerte Aktivität zu normalisieren. Die tiefe Gehirnstimulation wird bereits in der Parkinson-Therapie eingesetzt. Auch hier wird erwartet, dass die Implantate besser werden und die Symptome der Erkrankung wie Tremor verringern. Erprobt ist die Methode des Implantats schon bei dem Cochlea-Implantat bei Schwersthörigen. Dort hat es für viele Patienten eine deutliche Verbesserung gebracht.

Erste Erfolge im medizinischen Bereich gibt es auch bei der Prothesenherstellung. In Lübeck werden die ersten Prothesen per 3-D-Drucker produziert. Einem Gesundheitsbereich macht der 3-D-Druck jetzt schon massiv Konkurrenz: Zahnersatz wird wohl in einigen Jahren nicht mehr von Zahntechnikern hergestellt, sondern im 3-D-Druck gefertigt.

Aber nicht nur im klassischen Krankenhaus und beim Hausarzt sind die digitalen Techniken bald nicht mehr wegzudenken, sondern auch in den Alten- und Pflegeheimen und in der häuslichen Pflege. Sie werden viele unserer Personalprobleme zumindest abmildern und den Senioren Unterhaltung und Abwechslung bieten.

PlayStation im Altersheim –
Anregung statt wegdämmern

Pflegeheime bieten zuweilen ein trostloses Bild. Da dämmern alte und oft auch demente Menschen im Aufenthaltsraum vor sich hin. Außer Hockergymnastik und Liedersingen passiert nicht viel an mentaler Stimulation. Und das, obwohl die Hirnforschung mittlerweile weiß, wie notwendig anregende Gehirntätigkeit für ältere Menschen ist. Hirnforscher Gerhard Roth formuliert es so: »Die schlechte Nachricht: Irgendwann werden wir alle dement. Die gute: Wir erleben es nicht alle. Und: Durch anstrengende und anregende Gehirntätigkeit lässt sich eine Demenz um sechs bis acht Jahre hinauszögern.«

Was man heute weiß: Im Alter lassen Geruchs- und Geschmackssinn nach, Gleichgewichtsprobleme nehmen zu, und das Erinnerungsvermögen schwindet. Viele ältere Menschen mit Demenz sind nicht mehr in der Lage zum Multitasking: Sie können entweder laufen oder sprechen, aber nicht beides auf einmal.

In den USA sind schon Spiele im Einsatz, die das Gehirn der Senioren trainieren und die dementielle Entwicklung verzögern. Auch diese Spiele fußen auf Erkenntnissen der Hirnforschung. Ein Spiel, das nachweisbar Erfolge vorzuweisen hat, ist Neuro-Race. Dieses Spiel zeigt nach einer Studie von 2013, dass es die Erinnerungsleistungen von Senioren erhöht und kognitive Defizite verlangsamt. Außerdem reaktiviert es die Fähigkeit zum Multitasking.

Wie sieht dieses Spiel aus? Es ist ähnlich aufgebaut wie viele Autorennen-Spiele. Die Senioren sind bei dem Spiel Fahrer eines Rennwagens und müssen anderen Fahrzeugen ausweichen. Dabei müssen sie Verkehrsschilder einsammeln. Offenbar reicht dieser Impuls schon, um bestimmte Regionen im Gehirn wieder zu reaktivieren. Bei den älteren Testspielern zeigten sich nach vier Wochen schon deutliche Verbesserungen in der Erinnerung und in der Fähigkeit zum Multitasking, die auch im CT (Computertomograph) zu erkennen waren.

Die Forscher stellten sogar fest, dass einige 80-Jährige plötzlich wieder neurologische Reaktionen wie ein 20-Jähriger zeigten. Die Wirkung des Spiels hielt bis zu sechs Monate an, auch wenn die Senioren nach einem Monat aufhörten zu spielen. Die Verbesserung der kognitiven Fähigkeiten durch spezielle Computerspiele wird auch durch andere Experten bestätigt. Gerade bei milden Formen der Demenz können sie die Erkrankung zumindest verzögern.

In die Praxis umgesetzt hat die Idee seit einigen Jahren die Organisation Selfhelp Community Services in New York City. Sie wurde 1936 gegründet, um die aus Deutschland geflohenen Holocaust-Überlebenden zu unterstützen. Knapp 5.000 Holocaust-Überlebende werden noch von dem Wohlfahrtsverband betreut, insgesamt hilft Selfhelp 20.000 New Yorkern. Dabei sollen die älteren Menschen solange wie möglich zu Hause in ihren eigenen vier Wänden leben können. Um das zu ermöglichen, setzt der Verein eine Reihe von digitalen Techniken ein. Eines darunter sind die eben beschriebenen kognitiven Stimulationsprogramme. Der Computer bietet dem Patienten je nach Erkrankungszustand unterschiedliche Spiele an, registriert Fortschritte und stellt auf entsprechend höhere Level oder anspruchsvollere Angebote um.

Viel umfangreicher sind aber die anderen Angebote von Selfhelp: Ein großes Problem für viele allein lebende, körperlich eingeschränkte Senioren in New York ist, dass sie nicht mehr vor die Tür gehen und keine Freunde treffen können. Selfhelp hat dieses Problem der sozialen Isolation so gelöst, dass die Organisation den älteren Menschen wöchentlich mehr als 40 Kurse anbietet, die sie von zu Hause vom Computer aus verfolgen können. Es gibt Geschichtsklassen, virtuelle Museumsbesuche, Abnehmkurse und Gymnastik.

Die Senioren können sich jeweils zu den angegebenen Uhrzeiten zuschalten. Dann hören und sehen sie die anderen Kursteilnehmer und können sich über Headsets mit ihnen unterhalten. Das Programm startete 2010 mit sechs Teilnehmern und versorgt mittlerweile 300 Patienten, nicht nur in New York, sondern auch in Long Island, Baltimore, Chicago, Pittsburgh und San Diego. Die Senioren können nicht nur an den Kursen teilnehmen, sondern auch mit anderen Teilnehmern chatten, im Internet surfen und Spiele spielen. Mittlerweile wird das Programm in verschiedenen Sprachen angeboten wie Spanisch, Chinesisch, Englisch, Koreanisch und Russisch. Selfhelp zieht folgendes Fazit: »Das Programm hat die Vorbehalte gegenüber digitalen Techniken abgebaut, die soziale Isolation unserer Mitglieder um 85 Prozent abgebaut und ihre Lebensqualität um 97 Prozent gesteigert.« Einer der Teilnehmer wird auf der Website folgendermaßen zitiert: »Das Programm ist wirklich außergewöhnlich. Es ist ein Geschenk. Ich lebe alleine, aber ich fühle mich nicht länger alleine.«

Ein weiteres Programm soll es den Senioren ermöglichen, so lange wie möglich in ihren eigenen vier Wänden wohnen zu bleiben. Selfhelp hat ein Tele-Nursing-System installiert. Das bedeutet, dass die Senioren regelmäßig ihren Blutdruck, ihr Gewicht und ihren Blutzucker messen und diese Daten in das System eingeben. Die Daten werden von der Software ausgewertet. Sind sie besorgniserregend, schaltet sich eine Krankenschwester der Organisation ein. Zusätzlich erinnert der Computer die Senioren an ihre Medikamenteneinnahme und anstehende Arzttermine.

Auch in Deutschland laufen die ersten Forschungsprogramme mit den Computerspielen für Senioren. Die TU Berlin testet in einigen Altersheimen die Spiele – mit guten Resultaten. Es wird also nicht mehr lange dauern, bis die Games auch in anderen Heimen auftauchen.

Roboter als Pfleger – mehr Autonomie im Alter

Die bisher genannten Programme versprechen eine deutliche Verbesserung der Lebensqualität und Selbstständigkeit von älteren Menschen und sind sicherlich auch in Deutschland denkbar. Völlig ungewohnt wird es hierzulande sein, wenn Roboter oder Hologramme in mehr und mehr Lebensbereichen auftauchen. Die USA und Japan sind führend in der Entwicklung von Pflegerobotern, dort sind diese Serviceroboter schon deutlich verbreiteter als bei uns.

In einer Umfrage des Bundesforschungsministeriums haben zwei Drittel der Deutschen gesagt, dass sie sich vorstellen könnten, von einem Pflegeroboter bedient zu werden. Und zwar als klare Alternative zum Pflegeheim. 83 Prozent der Bundesbürger würden sogar einen Serviceroboter als Butler zu Hause akzeptieren – wenn sie dadurch im Alter länger in den eigenen vier Wänden wohnen könnten. Mehr als die Hälfte aller Befragten können sich demnach schon jetzt vorstellen, einen Roboter für den eigenen Haushalt zu kaufen. Auch wenn bislang nur jeder vierte Bundesbürger Kontakt mit einem Roboter hatte, sind 76 Prozent der Befragten davon überzeugt, dass sie in Zukunft eine immer wichtigere Rolle in ihrem Alltag spielen werden. Die Forschung an Servicerobotern für den Einsatz in Haushalt, Pflege und Gesundheit halten daher 80 Prozent der Befragten für wichtig oder sogar sehr wichtig.

Filme wie *Robot & Frank* zeigen schon mal, wie so eine Pflege aussehen könnte, wobei die Fähigkeiten des Roboters in dem genannten Film weit über die der entwickelten Maschinen hinausgeht. Denn der Roboter in diesem Spielfilm wird für den allein lebenden Senioren Frank zu einem Partner und besten Freund, also voll und ganz zu einem menschlichen Ersatz. Das wird es so schnell nicht geben. Roboter können sich bisher nämlich eben nicht in den Menschen hineinfühlen.

Viele Krankenhäuser in den USA aber nutzen Serviceroboter schon als Hilfsassistenten. Sie teilen zum Beispiel Essen und Tabletten aus. Diese Funktion erfüllen sie auch in Pflegeheimen. Erprobt werden außerdem Computer, die älteren Menschen, die hingefallen sind, wieder aufhelfen und Hilfe rufen können. Auch dies würde dazu beitragen, dass Senioren länger zu Hause leben könnten.

Japan ist neben den USA weltweit das Land mit der größten Erfahrung an Servicerobotern. Das hat gesellschaftliche Gründe. Japan überaltert rapide. Es gibt sogar Demografen, die davon ausgehen, dass die Japaner irgendwann aussterben werden. Denn sie bekommen wenig Kinder und lassen keine Immigranten ins Land. Dadurch sinkt die Bevölkerungszahl immer weiter. 2009 war jeder vierte Japaner schon über 65 Jahre alt. Im Jahr 2060 werden es 42 Prozent sein. Außerdem mangelt es an Pflegekräften. Die Situation ist also dort schon mehr als dramatisch. Deshalb hat die Regierung eine E-Health-Initiative gestartet und erwartet davon auch einen Technologie-Schub für die japanische Wirtschaft.

Zentraler Punkt der Initiative ist der Einsatz von Servicerobotern: Einer von ihnen ist HOBY. Er kann Personen aus dem Rollstuhl heben und ins Bett legen. Der erste Prototyp wurde 2009 entwickelt, mittlerweile ist er in Seniorenheimen im Einsatz. Außerdem gibt es noch PARO – einen Roboter, der bei demenzkranken Patienten eingesetzt wird. Er sieht aus wie ein

Kuscheltier und kann Demenzkranke am Arm oder Rücken streicheln und sich ihnen zuwenden. Und dann wäre da noch HOSPI. Er hilft seit 2013 im Krankenhaus und liefert Medikamente und Essen aus. Japan will mit den Robotern im Jahr 2035 einen Umsatz von 3 Milliarden Euro erzielen.

Die wirtschaftlichen Potenziale gelten als sehr vielversprechend. Experten schätzen, dass der weltweite Einsatz von Robotern und (teil-)autonomen Fahrzeugen bereits im Jahr 2025 einen möglichen wirtschaftlichen Nutzen von 1,9 bis 6,4 Billionen US-Dollar pro Jahr erzielen kann. Auch für Deutschland werden hohe Umsätze erwartet. Experten rechnen im Jahr 2025 mit einem Gesamtpotenzial von rund 270 Milliarden Euro für die Bruttowertschöpfung.

Insgesamt verteilten sich 70 Prozent des gesamten Verkaufsvolumens auf fünf Länder: China, Japan, USA, Südkorea und Deutschland. Im europäischen Vergleich nimmt Deutschlands Fabrik-Robotermarkt die Spitzenposition ein und belegt, angetrieben durch das Wachstum in der Automobilindustrie, weltweit den fünften Platz. 2014 war ein Rekordjahr für die Bundesrepublik, mit einem Anstieg der Verkaufszahlen um 10 Prozent auf rund 20.000 Einheiten.

In den nächsten Jahren werden uns außerdem mehr und mehr holografische Assistenten begegnen. In den USA gibt es sie schon an den Flughäfen. Dort informieren Computerprogramme, die eine menschliche Stimme und ein menschliches Aussehen haben, Besucher, welches Gate sie nehmen müssen oder ob ihr Flugzeug Verspätung hat.

Doch wesentlich einschneidender beim Thema Mobilität werden andere Veränderungen sein. Hier deutet sich eine regelrechte Verhaltensänderung an: Autos sind in Zukunft keine Statussymbole mehr, sondern einfach nur Transportmittel. Der Weg ist das Ziel – egal, in welchem Transportmittel.

Selbstfahrende Autos – Mobilität neu entdeckt

Schon jetzt ist Mobilität für Jugendliche und junge Erwachsene etwas ganz anderes als für ihre Eltern oder Großeltern. Für die Großeltern bedeutete das Auto noch ein Statussymbol. Ob Mercedes, BMW, Audi oder Ford, das hatte etwas mit dem Gehaltsscheck zu tun. In den 1960ern und 1970ern hieß es: Zeig mir, was du fährst, und ich sag dir, was du bist – cool oder sicherheitsorientiert, Familienkutsche oder Sportwagen. Für viele war das erste Auto ein Synonym für Freiheit und Unabhängigkeit. Nicht umsonst ist das Tempolimit in Deutschland so umstritten.

Viele Frauen aus der Großelterngeneration haben noch gar keinen Führerschein. Der Mann fuhr sie. Der eigene Führerschein war ebenfalls in den 1960ern und 1970er Jahren ein Zeichen von weiblicher Emanzipation. Umso erstaunter registrieren viele Ältere, dass junge Menschen lieber ein neues Smartphone zum Abitur haben wollen als den Führerschein. Sogar in den USA machen schon deutlich weniger junge Menschen den Führerschein als noch vor zwanzig Jahren. Mobilität wird für die Digital Natives immer unabhängiger von der Art des Fahrzeugs. »Nutzen statt besitzen« heißt das neue Lebensgefühl.

Ob Mietwagen, Fernbus, Mitfahrzentrale oder Bahn – online wird die preiswerteste und praktischste Variante rausgesucht. Mit allen Vorteilen: Das Mietauto muss nicht unterhalten und versichert werden. Laufende Kosten entstehen nicht. Man ist unabhängig und autonom. Der Besitz an sich ist nicht so wichtig. Diese Einstellung ändert sich – aus rein praktischen Gründen, wenn die jungen Erwachsenen Eltern werden. Dann ist ein eigenes Auto sinnvoll: Kinder müssen hin- und hergefahren werden, das Gepäck wird mehr, die Einkäufe umfangreicher.

Trotzdem hat sich die Einstellung zur Mobilität verändert –

was auch die Wahl der Fahrzeuge in den kommenden Jahren bestimmen wird. Der nahezu zeit- und ortsunabhängige Zugang zu Fahrzeugen ist das neue Credo, nicht die Größe der Maschine oder die Schönheit des Designs. Der Besitzer eines Smartphones sitzt auf einem virtuellen Fahrersitz. Er oder sie kann jederzeit und unabhängig von den bekannten Beschränkungen früherer Zeiten entscheiden, jetzt und genau hier Zugang zu einem Fahrzeug zu bekommen.

Man muss nicht mehr wissen, wo man geparkt hat. Man muss nicht mehr suchen, wo und wann die nächste Mitfahrgelegenheit möglich ist, man hat immer das passende Auto für jede Gelegenheit. Es gibt nicht mehr das Warten vor irgendwelchen Schaltern oder in einer Telefonschleife. Diese Veränderung des Fahrverhaltens ist auch schon am Kaufverhalten von Autos ablesbar: Der Käufer eines Neuwagens ist durchschnittlich 53 Jahre alt. Junge Menschen kaufen (noch) keine Autos. Dieses Kaufverhalten wird die Autobranche verändern.

Das Modell der Zukunft auf die Spitze getrieben hat jetzt schon das schwedische Unternehmen »UbiGo«. Dort können Verkehrsteilnehmer eine Mobilitäts-Flatrate erwerben. Der Kunde zahlt zum Beispiel 95 Euro im Monat für ein städtisches Pendlerpaket. Darin enthalten ist die Nutzung des öffentlichen Personennahverkehrs (ÖPNV) am Wohnort, die Übernahme der Taxifahrten von bis zu 100 Kilometern, der Mietwagen von bis zu 500 Kilometern und die freie Nutzung von Bussen und Bahnen bis 1.500 Kilometern. Der Reisende bucht seine Fahrten über eine App. Er braucht weder ein Monatsticket noch eine Mietwagenfirma noch ein eigenes Fahrzeug. Das Ganze gibt es auch als Paket für Geschäftsreisende weltweit und als Familienpaket. »Mobility as a Service«-Pakete heißen diese Flatrates, sie gelten als Modell der Zukunft. Dabei wird davon ausgegangen, dass die Menschen für Mobilität viel Geld auszugeben bereit sind. In Deutschland entsprechen die monatlichen Ausgaben ungefähr dem Gesamtbudget für Nahrungsmittel, Getränke und Tabakwaren. Es sind auf den einzelnen Bürger umgerechnet ungefähr 350 Euro.

Entsprechend teuer ist zum Beispiel das Familienpaket von UbiGo mit 1.200 Euro im Monat. Das umfasst dann aber auch die ÖPNV-Nutzung für alle Familienmitglieder am Wohnort, sämtliche Taxifahrten innerhalb von 100 Kilometern Umkreis zum Lebensmittelpunkt sowie Bahnfahrten bis zu 2.500 Kilometern. Kümmern müssen sich die Reisenden um nichts: Das Unternehmen garantiert eine bestimmte Summe an Mobilität im Monat zu einem festen Preis. Wie und mit welchem Verkehrsträger die Reisenden das Ziel erreichen, ist Sache des Unternehmens.

Bisher gibt es diese Modelle vor allem in Skandinavien. Der Chef von UbiGo, Hans Arby, sieht in den kommenden zehn Jahren das Ende des Autozeitalters eingeläutet: »Als die Fotografie erfunden wurde, wurde Malen zur Kunst. Mit E-Books werden reale Bücher Kunst. Und wenn Mobilität eine automatische Dienstleistung wird, entwickelt sich Selbstfahren zur Kunst oder einem Hobby. Und wenn Sie in Zukunft aufs Land fahren wollen und selbst am Lenkrad sitzen, ist das ein außergewöhnliches Erlebnis.«

Die Mobilitätsangebote leben davon, dass sie dem Reisenden Entspannung und eine stressfreie Zeit versprechen. Diese Vorteile überwiegen offenbar schlussendlich auch den Spaß am Selbstfahren und dem Genuss am eigenen Auto.

Apps können zahlreiche neue Dienstleistungen und Endgeräte verbinden. Mithilfe von digitalen Karten oder Handykameras können sie den Weg zum richtigen Bahngleis oder Busbahnhof anzeigen, an den Ausstieg erinnern, Tickets drucken und Alternativrouten oder Störungen anzeigen. Zudem können per Smartphone Fahrräder entriegelt und Carsharing-Autos gebucht und geöffnet werden.

Eine ähnliche Entwicklung sehen Experten auch für das selbstfahrende Auto voraus. Zunächst werden sich diese Autos in Nischen durchsetzen, zum Beispiel bei Taxifahrten oder langen Fahrten auf Autobahnen. Hier ergeben sich für die Reisenden erkennbar die meisten Vorteile. Auch der Güterverkehr kann dadurch deutlich sicherer werden, weil die Fahrer zwischen Fahren und Selbstfahren wechseln und ausreichend Ruhepausen einlegen können. Das elektrische »Bestellauto«, das automatisch dorthin fährt, wo es gebraucht wird, schafft ganz neue Optionen für Geschäftsmodelle oder die Verkehrsflusssteuerung.

Apps und deren Möglichkeiten, Vorgänge aus der Ferne zu steuern, werden auch unser Wohnen in der Zukunft bestimmen. Einige Haushalte haben ja schon Saugroboter anstelle einer Putzfrau. Hausarbeit wird in Zukunft mehr und mehr durch Maschinen ersetzt. Außerdem wird das »Smart Home« die Technik im Haus bestimmen. Momentan sind das vor allem Sicherheitssysteme, die zum Beispiel Telekom und andere Mobilfunkunternehmen anbieten. In Zukunft wird das gesamte Haus »smart«.

Automatisiertes Zuhause – Smart Home

In Ihrem Zuhause der Zukunft klingelt der lästige Wecker nicht mehr. Stattdessen gehen langsam die Lichter an, in Ihrem Schlafzimmer um 6.30 Uhr, bei den Kindern eine halbe Stunde später. Der Kaffee fängt schon zehn Minuten vorher an durchzulaufen, die Toastbrote springen hoch, die Heizung hat sich bereits um 5.30 Uhr hochgeschaltet. Wenn Sie aufstehen, ist alles wohnlich. In der Garage wurde in der Nacht das Elektrofahrzeug geladen.

Die hauseigene Wetterstation gibt Empfehlungen für die Kleidung, das Fitnessarmband zeigt die Körpertemperatur an. Der Kühlschrank meldet, welche Nahrungsmittel zur Neige gehen. Am Nachmittag können Sie schon auf dem Nachhauseweg per App das Bad einlaufen lassen. Zukunftsmusik? Es kommt drauf an.

Das sogenannte Smart Home tauchte schon vor vielen Jahren in allerlei Science-Fiction-Filmen auf. Bisher ist davon noch wenig umgesetzt worden. Das liegt zum einen an der sehr komplexen Installation, an den Kosten und natürlich an der Fehlerhäufigkeit. Kunden scheuen die Installation des Smart Home, weil sie Angst haben, dass sie bei einem Netzwerkausfall komplett auf dem Trockenen sitzen. So unrealistisch ist diese Vorstellung nicht.

Hacker-Angriffe könnten leicht dazu führen, dass wir in einem dunklen, kalten Haus sitzen und noch nicht einmal mehr die Haustür abschließen können. All diese Beschränkungen werden wohl dazu führen, dass wir lediglich Teilbereiche unseres Hauses maschinell steuern lassen, zumal die Deutschen in allen Umfragen der technischen Aufrüstung ihres Hauses sehr positiv gegenüberstehen. Vor allem Familienväter erhoffen sich davon eine Verringerung ihrer eigenen Hausarbeit. Sie finanzieren gerne den Saugroboter oder den ferngesteuerten Backofen, wenn sie dadurch weniger fürs Kochen oder Staubsaugen in Anspruch genommen werden und der Familienfrieden gesichert ist.

Die Männer sind es auch, die am ehesten den Wunsch der Kinder und Jugendlichen nach einer VR-Brille zum Gaming unterstützen.

Virtuelle Realitäten –
in Kontakt mit der ganzen Welt

Die VR-Brille wird in den kommenden Jahren das Weihnachtswunschgeschenk Nummer 1 sein. Mit den virtuellen Brillen können sich die Kids in einem 3-D-Raum in den Spielen bewegen. Nach oben und unten sehen, nach rechts und links. Gesundheitliche Probleme wie Schwindel, die bei den ersten Brillen entstanden, sind mittlerweile weitgehend ausgeräumt.

Auf dem Weltklimagipfel in Paris im November 2015 zeigten Entwicklungshilfeorganisationen, wozu solche VR-Brillen noch nützlich sein können: »Growing a World Wonder« ist ein riesiges Klimaschutzprojekt der Organisation Green Wall, für das die NGO mit einem Film wirbt, den man nur mit einer VR-Brille anschauen kann.

Das Ergebnis ist beeindruckend: »Wir bauen eine grüne Mauer.« Binta, ein kleines afrikanisches Mädchen, führt den Betrachter durch sein Dorf im Senegal, an der Hand den alten Großvater. Es zeigt den Zuschauern die Unterschiede vorher und nachher: Vorher war nur Wüste und Ödnis, die Mutter musste stundenlang zum Brunnen laufen, um Wasser zu holen. Dann wurden vor acht Jahren Bäume im Dorf angepflanzt. Schatten ist entstanden und ein Marktplatz.

Das grüne Weltwunder ist ein Waldgürtel an der südlichen Grenze der Sahel-Zone, der die Ausbreitung der Dürre verhindern soll. Mehr als 500 Kilometer sind bisher allein im Senegal bepflanzt worden, insgesamt in allen zehn angrenzenden afrikanischen Staaten sind es 8.000 Kilometer.

Die Besucher auf der Klimakonferenz in Paris, die die virtuelle Brille aufsetzen, sind begeistert. Die gesamten vier Minuten des Films tauchen sie in Bintas Welt ein. Von außen sieht das witzig aus: Die Menschen recken die Köpfe mal nach oben, dann nach unten und zu den Seiten, um auch alles mitzubekommen. Das Fazit danach fällt durchweg positiv aus: »Ich mochte es sehr. Ich habe eine lange Zeit meiner Karriere in Umweltprojekten verbracht, das ist wirklich ein toller Ansatz«, »Das ist die neue Technologie, auf die wir alle Hoffnung setzen«, »Das muss allen zugänglich gemacht werden, um diese Erfahrung zu machen.« So oder ähnlich lauten die Reaktionen auf den Blick durch die virtuelle Brille.

Die Vereinten Nationen wollen in Zukunft verstärkt auf diese Art von Filmen setzen. »Es ist fantastisch. Es ist schwierig für Menschen, die es selbst nicht erlebt haben, zu begreifen, was Klimawandel und was Verödung von Land und die Entstehung von Wüsten überhaupt bedeutet. Du kannst es wirklich nicht sehen, bis du dir selbst ein Bild machen kannst«, sagt Louise Baker von dem zuständigen UN-Programm. Mit der virtuellen Brille ist das nun für jeden möglich. Um ein Stück Afrika zu erhaschen, nutzten auf dem Klimagipfel viele Menschen die Gelegenheit, sich den Film anzusehen.

Denkbar ist eine Ausweitung der VR-Brille in vielen anderen Bereichen: Realitätsnahe Situationen können detailgetreu nachgestellt werden, um Anwendungsszenarien nachzuspielen. So wie bei der Pilotenausbildung, dort kann der User virtuell ein Flugzeug steuern. Küchenunternehmen bieten die Brille schon an, um den am Reißbrett geplanten Raum erfahrbar zu machen.

Zum Nachbau von biomechanischen Modellen und 3-D-Geometrien für die Produktentwicklung eignet sich die VR-Brille ebenfalls. Sie wird beispielsweise auch in der Automobilbranche eingesetzt, um neue Modelle zu konstruieren. In der chirurgischen Ausbildung wird diese Technologie bereits genutzt, damit junge Ärzte schwierige Operationstechniken theoretisch erlernen. Mittels Simulationen können Medizinstudenten Techniken risikofrei ausprobieren.

Ein nachhaltiger Lernprozess kann durch die verbesserte Visualisierung von Wissen bei Schülern erzeugt werden. 3-D-Welten helfen beispielsweise nachgestellte geschichtliche Ereignisse besser zu verstehen. Bei Bauvorhaben können Unternehmer, Architekten und Bauleiter bereits in der Planungsphase ein Gebäude oder einzelne Räume virtuell besichtigen. Touristikunternehmen bieten schon heute mit VR-Brillen den Kunden einen ersten Vorgeschmack auf das Hotel, den Strand und die Sehenswürdigkeiten an. Der Kunde kann sich daraufhin entscheiden, welchen Urlaubsort er buchen möchte.

In der Berufswelt haben sich die digitalen Visionen bislang noch nicht verwirklicht. Schon vor dreißig Jahren hofften Experten auf das »papierlose Büro«. Mittlerweile kommunizieren wir so viel wie nie zuvor – und drucken immer noch fleißig aus. So ähnlich wird es denen gehen, die hoffen, dass sie in zehn oder fünfzehn Jahren auf keine Konferenz, kein Meeting oder keine Dienstreise mehr gehen müssen, weil ihr Avatar sie vertritt. Es ist ein bisschen wie bei der Erfindung des Telefons in Deutschland Ende des 19. Jahrhunderts. Der Small Talk, der direkte Austausch, die Zwischentöne in der Unterhaltung, all das hat bisher alle virtuellen Kontakte übertrumpft.

Denkbar sind allerdings nützliche Zwischenschritte: Bei der Videokonferenz betritt eine Gestalt, die uns ähnlich sieht, die virtuelle Konferenz, und die Kollegen sitzen – auch wenn sie Hunderte von Kilometern entfernt sind – nebeneinander und unterhalten sich direkt. Das ist unmittelbarer als ein Skype-Gespräch. Einfacher werden auch Videokonferenzen, wenn unterschiedliche Sprachen gesprochen werden. Denn mittlerweile machen die Dolmetscher-Computer große Fortschritte. Wir sprechen auf Deutsch rein, und es wird sofort auf Englisch unserem Gesprächspartner übermittelt. Auch das erleichtert das Geschäftsleben. Außerdem wird die Technik in den nächsten Jahren optimiert: Das Bild ist klarer, die Schaltung passiert unfallfrei, wir können stärker in den Raum einleuchten, die Mimik und Gestik jedes Einzelnen ist besser erkennbar. Das macht Videokonferenzen einfacher und besser umsetzbar.

Ähnlich sieht es bei Schulungen aus: Online-Programme machen viele Seminare obsolet. Wenn es nicht gerade um eine Konfliktmoderation zwischen zerstrittenen Parteien geht, kann der Mitarbeiter die Erste-Hilfe-Schulung oder das neue Software-Modul sicherlich auch am Computer lernen. Seine Fortschritte werden per Kurzquiz abgefragt, er klickt sich durch das Programm. Am Ende bekommt er eine Bestätigung über den erfolgreichen Abschluss. Wie stark das digitale Lernen nicht nur unsere Kinder, sondern auch uns Erwachsene beeinflussen wird, zeigt der folgende Abschnitt.

Digitales Lernen – das Internet der Köpfe

Deutschland gilt beim Thema »Lebenslanges Lernen« immer noch als Entwicklungsland. Wer hierzulande mit 50 eine Fortbildung beantragt, riskiert die Frage: »Muss das noch sein?« Je weiter das Rentenalter aber nach hinten rutscht, desto wichtiger ist es, dass auch ältere Arbeitnehmer mit der digitalen Entwicklung Schritt halten. Außerdem verändert sich die Arbeitskultur. Immer weniger Menschen treten mit Mitte 20 in das eine Unternehmen ein, das sie dann vierzig Jahre später mit dem Rentenbescheid und den besten Wünschen für den letzten Lebensabschnitt wieder verlassen.

»Prekäre« Arbeitsverhältnisse, also Befristungen und der häufige Wechsel von Jobs, werden zunehmen. Einmal erworbene

Bildungszertifikate wie Hochschulabschlüsse sind nicht mehr so viel wert wie früher. Ein simpler Grund ist, dass immer mehr junge Menschen Abitur machen und studieren – mittlerweile ist es schon jeder Zweite in Deutschland. Und die Öffnung der Bildungswege wird weitergehen. Das hat eine wunderbare Flut von gebildeten jungen Menschen in Deutschland zur Folge, führt allerdings langfristig auch zu einer Abwertung jedes einzelnen Abschlusses. Und es hebelt die lange Zeit gültige Gewissheit aus, dass ein Studium in jedem Fall zu einem höheren Gehalt führt als eine klassische Ausbildung. Das wird in Zukunft nicht mehr der Fall sein.

Im Jahr 2030 wird weltweit der Zugang zu Bildung für sehr viel mehr Menschen möglich sein, und er wird nicht im Alter von 30 Jahren aufhören. Die globalen Möglichkeiten garantieren die vielen Online-Universitäten, von denen die ersten gerade in den USA gegründet werden. Dort können Menschen aus der ganzen Welt für kleines Geld studieren und Kurse belegen. Ein Problem ist noch die Anerkennung dieser Abschlüsse im Berufsleben. Aber auch hier entstehen schon Start-ups, die die Anerkennung der online erworbenen Abschlüsse zertifizieren. Gerade für Menschen aus Entwicklungsländern bieten diese Online-Universitäten große Chancen.

Aber auch Wissensdurstige in den Industriestaaten werden davon profitieren. Denn die Online-Unis bieten die Möglichkeit, auch mit 40plus nochmal den Beruf zu wechseln oder sich weiterzubilden. Jutta Allmendinger vom Wissenschaftszentrum Berlin (WZB) träumt sogar von einem Bildungsguthaben in Deutschland, aus dem jeder alle paar Jahre einen Kurs oder eine Fortbildung abheben kann. Finanziert aus staatlichen Töpfen, begrüßt von den Arbeitgebern. Mit dem in den 1970er Jahren eingeführten, etwas verstaubten »Bildungsurlaub« hat Deutschland eigentlich eine gute Ressource, die man reaktivieren könnte. Ähnliches gilt für die angestaubten Volkshochschulen, die etwas bemüht den Einstieg ins Online-Geschäft versuchen. Auch in Deutschland gibt es erste Universitäten, die Online-Kurse anbieten, etwa die Leuphana-Universität in Lüneburg.

Bisher krankten solche Kurse immer an den hohen Abbruchraten. Was sicherlich etwas damit zu tun hat, dass sie bis vor kurzem eher einem YouTube-Video ähnelten, als einem richtigen Uni-Kurs. Mittlerweile gibt es aber viele Kurse, bei denen die Teilnehmer sich per Skype kennenlernen und regelmäßig miteinander chatten. Außerdem werden Zwischenerfolge abgefragt. Das erhöht die Bindung an das Programm und die Schwelle, sich vom Kurs wieder abzumelden.

Last but not least wird die Digitalität natürlich auch nicht vor dem Heiratsmarkt im Jahr 2030 Halt machen. Es verstärken sich Entwicklungen, die wir jetzt schon beobachten können – vom Partnerportal bis zum Speed-Dating.

Heiratsmarkt 4.0 –
Das Mauerblümchen bleibt nicht sitzen

Zur großen romantischen Liebe gehört auch immer die rührende Kennenlerngeschichte: Unter Palmen, bei untergehender Sonne hat es gefunkt. Sie war die eine, die ihm beim Essen bei Freunden gleich aufgefallen ist. Stundenlang gab ein Wort das andere. »Wir haben uns im Netz kennengelernt«, klingt arg prosaisch und wird von vielen Paaren bisher nur verschämt zugegeben. Trotzdem: In den USA werden schon 40 Prozent aller Liebesverbindungen im Netz geknüpft, in Deutschland trifft das schon auf jedes dritte Paar zu. Dabei gibt es für jeden Geschmack die richtige Plattform. Parship und Elite-Partner für die, die früher eher eine Anzeige aufgegeben haben, Tinder und Dating Cafe für die schnelle Nummer.

Künftig wird diese Art der Beziehungsanbahnung noch zunehmen. Auch das Online-Dating basiert auf Algorithmen. Mittlerweile ist es nichts Besonderes mehr, sich in bestimmten Lebensbereichen online Unterstützung zu holen. Auch der Anteil älterer Menschen über 55 oder 60 beim Online-Dating steigt stetig, und Seniorenplattformen erfreuen sich großer Beliebtheit.

Direkt nach der Anmeldung bei einer Online-Partnervermittlung wartet ein umfangreicher Persönlichkeitstest auf den Neuling. Mit diesen Daten kann der professionelle Vermittler dann auf die Suche nach passenden »Deckeln« gehen: Dabei geht es um eher vordergründige Auswahlkriterien wie groß oder klein, kinderlos oder mit Kindern, tierlieb, Vegetarier, Sportler oder Leseratte.

Mit dem Test bekommen die Plattformen aber auch – was noch viel wichtiger ist – Antworten auf Persönlichkeitseigenschaften, die für Beziehungen besonders relevant sind. Beispielsweise: Wie gehe ich mit Konflikten um? Wie ist meine Frustrationstoleranz? Bin ich eher extrovertiert oder introvertiert? Eher schnell beleidigt oder konstruktiv? Gehe ich gerne aus, oder bin ich eher häuslich? Dann findet das sogenannte Matching statt: Der Computer spuckt die Paarungen aus, die aufgrund ihrer Beziehungspersönlichkeit besonders gut zueinander passen.

Rund fünf Millionen deutsche Singles sind bei Parship registriert. 750.000 sind wöchentlich online. Je nachdem, wie man seine Suchkriterien einstellt, kommen mehr oder weniger »Angebote« herein. Das ist die Chance und zugleich die Gefahr der Dating-Portale, denn die Auswahl scheint unbegrenzt. Und das verführt natürlich dazu, sich nicht festzulegen. Es erfordert also eine ganze Portion Selbstdisziplin, sich von der Vielfalt nicht überschwemmen zu lassen und auf die Menschen, die einem wirklich gefallen, zuzugehen und eine Mail zu schreiben oder sich zu verabreden.

Die israelische Soziologin Eva Illouz, die den modernen Heiratsmarkt in ihrem Buch »Warum Liebe weh tut« erforscht, sieht darin auch die Gefahr: »Viele Menschen benutzen Internetseiten auf der Suche nach Sex, Romantik, Ehe und so weiter. Man sucht dort nach jemandem, als wäre man auf einem Markt. Je mehr Auswahl die Menschen haben, umso leichter sind sie überfordert.«

Die Soziologin sieht mit den Online-Partnerbörsen das Ende dieser romantischen Liebesvorstellung erreicht: »Traditionelle romantische Liebe basierte auf Knappheit. In derselben Weise, wie man eine Ökonomie der Knappheit hatte, konnte auch nur die romantische Liebe sich auf einem Markt entwickeln, wo es wenige Partner gab. Hat man nun eine Technologie zur Verfügung, die einem endlose Wahlmöglichkeiten bietet, wie in der Konsumkultur überhaupt, dann ändert das eben auch den Zugang zu zwischenmenschlichen Begegnungen völlig. Es macht Menschen abhängig von den Suchprozessen, es geht allein um das Auswählen.«

Andererseits: Für viele Menschen erweitert das Online-Dating auch die Möglichkeiten. Viele junge Menschen knüpfen nicht nur in der realen Welt, sondern auch im Netz neue Kontakte. Sie gehen nicht mehr so selbstverständlich abends in die Kneipe oder den Club, sondern chatten oder spielen am Computer. Viele leben auf dem Dorf und haben gar nicht die Möglichkeit, den oder die Partnerin kennen zu lernen, der besonders gut zu ihnen passt. Insofern ist die Bewertung des Online-Datings auch sehr gespalten.

Klar ist: Der Heiratsmarkt der Zukunft wird die Paarwelt weiter durcheinanderwirbeln. Schon jetzt wird deutlich, wer die Verlierer dieser Welt sein werden: Das sind zum einen die schlecht ausgebildeten Männer. Sie sind jetzt schon in vielen Regionen abgehängt. Für einen coolen Datingportal-Auftritt haben sie zu wenig zu bieten, können sich nicht gut genug präsentieren, sind nicht schlagfertig und witzig genug.

Schwer haben werden es auch die hochintelligenten Frauen. Denn – auch das zeigen alle Studien – viele Frauen wollen immer noch einen Partner, der statusmäßig über ihnen steht. Und Männer suchen gerne immer noch die Frau, die sich schutzbedürftig anlehnt. Das klingt nach purem Klischee, ist aber auch in digitalen Zeiten offenbar noch gültig.

Auf dem Heiratsmarkt der Zukunft wird es außerdem immer mehr Paare aus unterschiedlichen Nationen geben. Denn die Algorithmen ermöglichen eine weltweite Suche. Kulturelle Schranken und die Frage, ob jemand gleich in der Nähe wohnt, spielen nicht mehr so eine große Rolle.

■ ■ ■ ■

■ Online-Liebe

- Mathias und Susanne (Namen geändert) haben sich über die alternative Dating-Plattform Gleichklang kennen und lieben gelernt. Mathias war zuvor sechs Jahre lang Single, Susanne zwei Jahre.

  Mathias hatte bei der Online-Suche nach der passenden Partnerin seine Prinzipien: »Ich bin ehrenamtlich in einem Verein und in der Kirche engagiert. Da war für mich ganz klar, wenn jemand nicht in seinem Profil ankreuzt, dass er eine christliche Ausrichtung okay findet, ist das für mich ein Ausschlusskriterium.«

  Beide mussten allerdings auch damit leben, dass sie von

anderen aussortiert werden. Für Susanne war das ein Lernprozess: »Solange das mit dem Ja-Nein-Button so ein bisschen distanziert blieb, konnte ich das gut wegstecken. Doch wenn man sich länger geschrieben hat und dann auf einmal nichts mehr zu hören war, war das schon komisch und hat mich dann doch beschäftigt.«

Mathias und Susanne erzählen ihre Kennenlern-Geschichte: Sie saß allein am Samstagabend zu Hause: »Du wolltest was ändern, setz dich jetzt an den Computer und guck, was da los ist!« Sie lacht. »Und dann war der Profil-Vorschlag da. Ich habe Mathias angeschrieben, weil ich es spannend fand, dass bei ihm stand, er mag kein Fußball und hat viele Bücher und keinen Fernseher. Da dachte ich, das muss ein interessanter Typ sein, da schreibe ich doch mal hin.« Mathias antwortete »Sommerzeit«, das war Susannes Pseudonym: »Ich habe natürlich erstmal das Profil angeguckt, intensiver angeguckt. Da hat man dann im Prinzip jeden Buchstaben gelesen, und dann hat man halt geantwortet, weil in der Summe war es interessant, ansprechend.«

Die beiden begannen sich zu mailen. Ganze vier Wochen lang. Susanne beschreibt diesen Prozess als Chance. Denn so lernte sie erst seine Werte, seine Haltung, seine Fähigkeit, auf sie einzugehen, kennen und schätzen, bevor sie sich das erste Mal trafen. Auf einer Party hätten sie sich vielleicht gar nicht kennengelernt, sagt sie: »Denn Mathias ist kleiner als ich, hat einen Berliner Akzent, ist ein klein bisschen übergewichtig, und ich weiß nicht, ob mich das auf den ersten Blick vielleicht abgelenkt hätte und ich gedacht hätte: ›Ach, ich geh zu jemand anderem und unterhalte mich da weiter.‹«

Die Liebe auf den ersten Blick wäre das nicht geworden.

Aber so konnten sie die zwei Sekunden, in denen man sein Gegenüber bewertet und eventuell auch abwertet, umgehen. Auch für Mathias und Susanne kam der spannende Moment, an dem sie schließlich offline aufeinandertrafen. Zum Frühstück in einem Café. Susanne: »Es war jetzt nicht so: Wow, Traummann! Und alles ist toll, und das passt. Sondern eher so: Hm, okay, mal schauen, was der Tag so bringt. Ich sehe da gerade so Filme ablaufen, diese romantischen Fernsehfilme oder Märchen, wo der Prinz dann auf dem Pferd dahergeritten kommt. Ich glaube, die Erwartung hat man dann.« Mathias und Susanne sind allen Online-Widrigkeiten zum Trotz ein Paar geworden. Mittlerweile leben sie zusammen.

Die Geschichte von Sabine (Namen geändert) zeigt, welche Chancen das Online-Dating bietet. Sie ist seit sechs Jahren Single und auf der Suche nach der Frau fürs Leben. Die 41-Jährige hat einen kleinen Sohn, und einer ist schon aus dem Haus. Sie wohnt schon immer auf dem Land in der Nähe von Heide, und sie ist, wie sie sagt, ein eher häuslicher Typ. Die Wahrscheinlichkeit auf ihren Alltagswegen eine andere lesbische Frau kennen zu lernen, ist mehr als gering.
Für sie ist Online-Dating wie gemacht: »Auch wenn ich vielleicht nicht so wirke, aber ich bin unheimlich schüchtern, wenn es darum geht, andere Leute kennen zu lernen. Und da ist das Schreiben wirklich passend.«
Sabine hat verschiedene Plattformen ausprobiert, die es speziell für Schwule und Lesben gibt. Und lange Zeit war sie auch bei Gleichklang, obwohl sie dort manchmal wochenlang keine Partnerinnen-Vorschläge bekam. Knappheit gibt es also auch online.

Tatsächlich getroffen hat sie sich nur mit zwei Frauen, die nicht zu weit weg wohnten und angegeben hatten, dass sie Kinder mögen und Nichtraucherin sind. Die große Liebe hat Sabine dann doch durch einen Zufall kennen gelernt, auf der norddeutschen Dating-Plattform Fischkopp.de, auf der sie ihre jetzige Partnerin angemorst hatte.

■
■
■
■ ■ ■ ■

(mit frdl. Genehmigung von Katharina Jetter)

Der Heiratsmarkt wird sich in den nächsten Jahren weiter verändern, so wie er das schon in den vergangenen Jahrzehnten getan hat. Mit dem Internet ist ein weiterer Kennenlernraum dazugekommen. Und die Geschwindigkeit, in der Algorithmen immer größere Datenmengen verarbeiten können, zeigt die Richtung an: Die Persönlichkeitstests werden immer differenzierter. Wenn sie sich darauf einlassen, werden Menschen immer mehr Partner finden, die in ihren Ansichten und Verhaltensweisen gut zu ihnen passen. Ist das Happy End damit im wahrsten Sinne des Wortes programmiert? Wird es im Deutschland 2030 keine Scheidungen mehr geben, keine zerplatzten Liebesträume und keine Trennungen?

Garantiert nicht. Denn auch das sagen Experten: Psychotests können nur einige, wenn auch wichtige Kerndaten abfragen. Sie können einem nicht sagen, ob wir den Menschen anziehend finden, ob uns sein Aussehen gefällt, seine Sprache und sein Duft. Insofern ist das Online-Dating auch weiterhin nur der allererste Schritt auf dem Weg zum Traummann oder der Traumfrau. Treffen müssen sich die beiden trotzdem noch. Außerdem sind viele jahrelang erfolglos im Netz unterwegs. Dabei hängen sie eigentlich noch an einer alten Vorstellung, einer früheren Beziehung, am Exmann oder der Exfrau. Auch diese allzu menschlichen Regungen wird kein Computerprogramm erfassen können.

6. Nachwort:
Die gründlichen Deutschen –
Wofür unsere Skepsis gut ist

Jede Gesellschaft hat Träume, die sie hält und vorantreibt. In den USA war das lange der »American Dream«, die Vorstellung, dass auch ein Tellerwäscher Millionär werden kann, wenn er sich nur anstrengt. In Deutschland war es in den 1970ern Willy Brandts »Mehr Demokratie wagen«, der Ausbruch aus dem spießig deutschen, autoritären Denken hin zu einer pluralistischen Gesellschaft. In den Kohl-Jahren der 1980er das »Die Rente ist sicher« des Norbert Blüm, das Versprechen der Segnungen der sozialen Marktwirtschaft, das uns lange getragen hat.

Viele aus der Eltern- und Großelterngeneration hängen noch in dieser Vergangenheit fest und sehen nicht, was sich verändert hat. Der Sozialstaat ist in die Krise geraten, auch in Deutschland. »Krise der Moderne« nennen das die Soziologen. Einer von ihnen, Oliver Nachtwey, spricht sogar von einer *Abstiegsgesellschaft*, in der das Versprechen des permanenten sozialen Aufstiegs nicht mehr gilt. Indizien dafür gibt es genügend: Seit langem nehmen die Einstiegsgehälter ab, die Rente ist nicht mehr sicher und der lebenslange Job Makulatur. Das muss weder schlecht noch gut sein, aber es ist anders. Und es ist eine andere Gesellschaft, die entsteht. Die jungen Menschen brauchen ebenfalls eine Vision. Glaubenssätze würden die Psychologen solche Träume nennen.

Für die nächsten zehn bis fünfzehn Jahre hat unsere Gesellschaft diese Träume offenbar nicht – jedenfalls nicht, wenn wir auf die digitalen Chancen schauen. Andreas Schleicher, der OECD-Verantwortliche für die PISA-Studie in Deutschland, attestiert uns eine »schleichende Technikkritik«. Es ist uns alles zu viel, zu schnell, zu modern, zu beängstigend. »Mögest du in interessanten Zeiten leben!« heißt ein altes chinesisches Sprichwort. Die interessanten Zeiten haben wir jetzt, da würde wohl keiner widersprechen. Aber nutzen wir sie auch? Dieses Buch hat gezeigt, dass Deutschland immer sehr zögerlich war, wenn es darum ging, in interessanten Zeiten nach vorn zu stürmen. Wir schauen uns das Ganze lieber eine Zeit lang an und laufen dann los. Die Debatte darüber, wann wir endlich loslaufen, ist gerade entbrannt, und vielleicht ist genau jetzt der richtige Zeitpunkt. Und zwar in unserem gründlichen, sicherheitsbewussten Tempo.

Wie könnte das aussehen, und was könnte das für unsere Gesellschaft heißen? Mehrere Szenarien sind vorstellbar. Das positive Szenario: Wir erkennen die Zeichen der Zeit. Der Bund stellt die versprochenen Milliarden bereit. Die Schulen rüsten die Klassen um. Schüler können ihre Internetkompetenz verbessern und lernen mit den neuen Medien gut umzugehen. Sie wissen, welchen Quellen sie vertrauen können und welchen nicht. Und wie sie sich bei Mobbing wehren können.

Die Lehrer verlassen ihre Rolle der kritischen Mahner und versuchen gemeinsam mit den Schülern das Internet zu entdecken und dabei auch den Spaß und die Begeisterung zu sehen. Für die Kinder verliert das Verbotene seinen Reiz, und sie können sich entscheiden, draußen zu spielen, selbst wenn das Computerspiel lockt. Das wird auch dadurch möglich, dass die Eltern nicht mehr wie ein Pawlowscher Hund auf das Wort »Computerspiel« reagieren und ihre Nackenhaare aufstellen. Die Familien einigen sich auf vernünftige Online-Zeiten. Auf der anderen Seite spielen sie auch gemeinsam Computerspiele und lassen sich von ihren Kindern erklären, was es in dieser neuen Welt alles so gibt.

Auf politischer Ebene werden wir führend in einer Charta für die digitalen Grundrechte und setzen uns auf europäischer und internationaler Ebene für eine Begrenzung der Macht der Internetkonzerne und für einen vernünftigen, wertschätzenden Ton im Internet ein. Dazu gehört auch eine stärkere Transparenz der verwendeten Daten. Unsere Industrie nutzt die Chancen, mit hippen, IT-begeisterten Berufseinsteigern und Start-ups zu kooperieren und steigt auch mal in die Niederungen eines Hinterhof-Büros herab. Dadurch verlieren wir in den Bereichen, in denen wir gut sind – Automobilindustrie und Maschinenbau – nicht den Anschluss an die Weltspitze.

Der Maschinenbau nutzt seine exzellente Stellung beim Bau von Robotern in der Fabrik 4.0 und entwickelt im Bereich der Serviceroboter tolle Modelle für die Versorgung von kranken und alten Menschen. Außerdem vertiefen wir unsere Fähigkeiten, für jeden Kunden passgenaue Modelle zu entwickeln. Darin waren wir ja auch schon im 19. Jahrhundert spitze. Wo wir noch Nachholbedarf haben, ist allerdings der Dienstleistungsbereich. Da sind die US-Unternehmen derzeit näher am Kunden dran.

Klingt gut, oder?

Das andere Szenario ist die Vogel-Strauß-Methode: Kopf in den Sand und warten, dass es vorüberzieht. Das wird die digitale Revolution aber nicht, dazu sind wir schon viel zu weit drin. Also geben wir uns einen Schubs und schauen unseren Kindern auf die Finger – nicht ewig nörgelnd und kritisierend, sondern mit Interesse und Neugier. Der Familienfrieden wird es uns danken. Machen Sie doch einfach mal den folgenden Test und schauen Sie, wie nah Sie am Puls der Zeit sind: Wie viel Digital Native steckt in Ihnen? Und welche Bereiche gibt es noch zu entdecken? Viel Spaß dabei!

Test: Wie viel Digital Native steckt in Ihnen?

1. Ihr Sohn fragt Sie, ob Sie Lust haben auf eine Runde »Overwatch«. Was will er wohl von Ihnen?

A: PlayStation spielen

B: YouTube-Videos angucken

C: ein Facebook-Profil stalken

2. Was sind Bots?

A: Winterschuhe

B: automatische Programme, die Aufgaben selbstständig bewältigen

C: das NSA-Spionageprogramm

3. Was passiert beim Photobombing?

A: ein Hacker-Angriff auf Ihre Fotos

B: Ein User löscht mehrere Fotos auf einmal

C: Jemand springt ins Bild, während man fotografiert

4. Was bedeutet der Smiley :* ?

A: u. a. w. g.

B: Küsschen

C: Jetzt sag ich nichts mehr

5. Was macht man bei Minecraft?

A: Man schlüpft in die Rolle eines Bergmanns

B: Man entschärft Minen

C: Man versucht, in einer Welt aus Blöcken zu überleben

6. Unter Fifa versteht ein Digital Native?

A: ein beliebtestes Computer-Fußballspiel

B: Full Information For Adults

C: den Weltfußballverband

7. Wer ist ein berühmter YouTuber?

A: PewDiePie

B: WYSIWYG

C: Qudee

8. Was gehört nicht zur PlayStation?

A: Controller

B: Keyboard

C: Mikro-USB-Kabel

9. Was ist Swatchen?

A: Kosmetikprodukte vor der Kamera präsentieren

B: ein YouTube-Kanal, in dem Uhren vorgestellt werden

C: ein Spionage-Spiel für die PlayStation

10. Was braucht man für einen Gamer-Laptop?

A: Spitzen-Grafikkarte

B: ergonomische Maus

C: FaceCam

11. Was ist ein Mausarm?

A: ein Computerspiel, in dem eine Katze Mäuse jagt

B: eine Sehnenscheidenentzündung vom übermäßigem Maus-klicken

C: das Kabel an einer Maus

12. Wofür steht LOL nicht?

A: League of Legends

B: Laughing Out Loud

C: Long Ongoing Laughing

13. Ihnen begegnen in der Stadt fünf verkleidete Jugendliche. Was machen die?

A: Cosplaying

B: Costumizing

C: Carnevalizing

14. Von welchem Spiel gibt es Weltmeisterschaften?

A: Life is Strange

B: League of Legends

C: Minecraft

15. Welches von diesen Wesen ist ein Pokémon?

A: Golum

B: Wildes Ratzfatz

C: Dobby

16. Was ist PaySafe?

A: ein Programm, mit dem man sicher bezahlen kann

B: eine Kreditkarte

C: ein Internet-Gutschein

Zählen Sie nun Ihre Punkte zusammen. Für jede richtige Antwort gibt es einen Punkt. Hier ist die Auflösung:
1: A, 2: B, 3: C, 4: B, 5: C, 6: A, 7: A, 8: B, 9: A, 10: A, 11: B, 12: C, 13: A, 14: B, 15: B, 16: C

0–4: NOOB: Sie sind ein totaler Anfänger und haben viel Nachholbedarf. Sie müssen noch etwas üben, um sich in der digitalen Welt zurechtzufinden. Schauen Sie Ihrem Kind über die Schulter.

4–10: Semi-Pro: Glückwunsch, Sie sind auf dem Weg. Sie sind nicht bei jeder Neuerung gleich vorneweg, kennen sich aber im digitalen Lebensraum gut aus. LOL :)

10–16: E-Sport-Profi: Super, Sie können nach Südkorea fliegen und bei den nächsten Gaming-Weltmeisterschaften antreten. Die Macht ist mit dir :)

Literatur- und Quellenangaben

Allmendinger, Jutta (2017): *Das Land, in dem wir leben wollen: Wie die Deutschen sich ihre Zukunft vorstellen*, Pantheon

Bareither, Christoph (2016): *Gewalt im Computerspiel*, Transcript

Bertram, Hans/Deuflhard, Carolin (2015): *Die überforderte Generation: Arbeit und Familie in der Wissensgesellschaft*, Budrich

Boos, Wilfried et. al. (Hrsg.) (2016), *ICILS 2013*, Waxmann

Bude, Heinz (2014): *Gesellschaft der Angst*, Hamburger Edition

Calmbach, Marc/Borgstedt, Silke/Borchard, Inga/Thomas, Peter Martin, Flaig, Berthold Bodo (2016): *Wie ticken Jugendliche 2016?*, Springer

Canzler, Weert/Knie, Andreas (2016): *Die digitale Mobilitätsrevolution*, Oekom

Crouch, Colin (2008): *Postdemokratie*, Suhrkamp

Dolata, Ulrich (2015): *Volatile Monopole. Konzentration, Konkurrenz und Innovationsstrategien der Internetkonzerne*, Berliner Journal für Soziologie 24

Dresler, Martin (2011): *Kognitive Leistungen*, Spektrum Akademischer Verlag

Dräger, Jörg/Müller-Eiselt, Ralph (2015): *Die digitale Bildungsrevolution*, DVA

Eichhorst, Werner/Wozny, Florian/Mähönen, Erno (2015): *What is a good job?*, IZA DP No.9461

Eichhorst, Werner/Hinte, Holter/Rinne, Ulf/Tobsch, Verena (2016): *Digitalisierung und Arbeitsmarkt: Aktuelle Entwicklungen und sozialpolitische Herausforderungen*, IZA Standpunkte Nr. 85

Flügge, Barbara (2016): *Smart Mobility*, Springer

Fraunhofer Kompakt, 2.11.16, Bremen

Gaiser, Wolfgang/Hanke, Stefanie/Ott, Kerstin (Hg.) (2016): *Jung– politisch – aktiv?*, Dietz

Garton Ash, Timothy (2016): *Redefreiheit*, Hanser

Granovetter, Mark (1973): *Strengths of weak ties, American Journal of soziology 78*

Hachtmann, Rüdiger (2015): *Rationalisierung, Automatisierung, Digitalisierung. Arbeit im Wandel*, Vandenhoeck & Ruprecht

Hendler, James/Mulvehill, Alice M. (2016): *Social Machines*, Apress

Huether, Gerald (2017): *Warum schon Kleinkinder lernen müssen, mit Medien umzugehen*, huffpost.com

Hurrelmann, Klaus (2014): *Die heimlichen Revolutionäre – wie die Generation Y unsere Welt verändert*, Beltz

Illouz, Eva (2011): *Warum Liebe weh tut*, Suhrkamp

Jetter, Katharina (2016): NDR Info, Forum am Sonntag, Online-Dating

Kollmann, Tobias/Schmidt, Holger (2016): *Deutschland 4.0 – Wie die Digitale Transformation gelingt*, Springer

Milzner, Georg (2016): *Digitale Hysterie: Warum Computer unsere Kinder weder dumm noch krank machen*, Beltz

Milzner, Georg (2016): NDR Info, Der Talk mit der Autorin

Nachtwey, Oliver (2016): *Abstiegsgesellschaft*, Suhrkamp

Novalis, Schriften (1815) 1. Teil, Berlin

Pestalozzi, Johann Heinrich (1819), Sämtliche Schriften, Band 2, Tübingen

Pfaller, Robert (2009): *Ästhetik der Interpassivität*, Philo Fine Arts

Radkau, Joachim (2008): *Technik in Deutschland. Vom 18. Jahrhundert bis heute*, [überarb. und aktual. Neuausg.] [Hrsg.] Campus

Rammert, W. (1993): *Technik aus soziologischer Perspektive*, VS Verlag für Sozialwissenschaften

Reichert, Ramón (2013): *Die Macht der Vielen. Über den neuen Kult der digitalen Vernetzung*, Transcript

Reichert, Ramón (Hg.) (2014): *Big Data: Analysen zum digitalen Wandel von Wissen, Macht und Ökonomie*, Transcript

Roth, Gerhard (2016): NDR Info, Der Talk mit Verena Gonsch

Roth, Gerhard (2015): Bildung braucht Persönlichkeit, Klett-Cotta

Schäfer, Armin (2015): *Der Verlust politischer Gleichheit*, Campus

Schildt, Axel/Siegfried, Detlef (2009): *Deutsche Kulturgeschichte. Die Bundesrepublik – 1945 bis zur Gegenwart*, Lizenzausg. [Hrsg.]. Bundeszentrale für Politische Bildung

Schulte-Markwort, Michael (2017): *Kindersorgen*, Droemer-Knaur

Schulte-Markwort, Michael (2016): NDR Info, Der Talk mit Verena Gonsch

Schiller, Friedrich (2015): *Das Lied von der Glocke*, Eclassica

Schivelbusch, Wolfgang (2000): Geschichte der Eisenbahnreise, Fischer

Schneider, Michael et. al. (2015): Nebelkinder, Europa Verlag

Serres, Michel (2013): *Erfindet euch neu!*, Suhrkamp

Sieferle, Rolf Peter (1984): *Fortschrittsfeinde? Opposition gegen Technik und Industrie von der Romantik bis zur Gegenwart*, Beck

Stalder, Felix (2016): *Kultur der Digitalität*, Suhrkamp

Te Wildt, Bert (2016): *Digitaljunkies*, Droemer

Süssenguth, Florian (Hg.) (2015): *Über die digitale Transformation der sozialen Ordnung*, Transcript

Thomas, Frank (1983): *Telefonieren in Deutschland*, Campus

Wolfe, Thomas (1995): *Es führt kein Weg zurück*, Rowohlt

Wippermann, Carsten (2016): *Was junge Frauen wollen*, FES

Danksagung

Ich hatte die wunderbare Gelegenheit, dieses Buch im Rahmen eines Recherchestipendiums am Max-Planck-Institut für Gesellschaftsforschung in Köln zu schreiben und meine Thesen gehörig von wissenschaftlichem Sachverstand und kritischen Nachfragen durchpusten zu lassen. Mein besonderer Dank gilt Timur Ergen, Christel Schommertz, Renate Mayntz und Susanne Hilbring, die ganz unterschiedliche Anstöße gegeben haben.

Dank gebührt auch meiner Literaturagentin Heike Wilhelmi und meiner Lektorin Cindy Witt bei Bastei Lübbe für die spontane Begeisterung für das Thema und ihre Verlagserfahrung und natürlich Till Raether für seine tollen Geschichten, die uns die Zukunft so nah bringen.

Danke fürs Mitdenken und Diskutieren schließlich an Kerstin Heider, Daniela Remus, Michael Schulz-Rudnik und Nicole Schmutte.

Ohne meine Familie wäre das Buch gar nicht entstanden. Einen entscheidenden Anteil hatten dabei Quentin und Lilian, die mir die digitale Welt geduldig beim Computer- und Play-Station-Spielen nahegebracht haben und mir tatkräftig beim abschließenden Computerselbsttest geholfen haben. Und natürlich danke ich Frank für Inspiration, Geduld und Fürsorge.